KARL-MARTIN DIETZ
«DIE HERZEN BEGINNEN,
GEDANKEN ZU HABEN»

STUDIEN ZUM WERK RUDOLF STEINERS
HERAUSGEGEBEN FÜR DAS
FRIEDRICH-VON-HARDENBERG-INSTITUT
VON KARL-MARTIN DIETZ
UND THOMAS KRACHT
BAND 4

KARL-MARTIN DIETZ

«*DIE HERZEN BEGINNEN, GEDANKEN ZU HABEN*»

ZUR SPIRITUALISIERUNG DES DENKENS IM MICHAEL-ZEITALTER

EDITION HARDENBERG
VERLAG FREIES GEISTESLEBEN

1. Auflage 1998

Verlag Freies Geistesleben, Landhausstraße 82, 70190 Stuttgart

Internet: www.geistesleben.com

ISBN 3-7725-1836-2

© 1998 Verlag Freies Geistesleben & Urachhaus GmbH, Stuttgart
Einband: Walter Schneider, unter Verwendung
der Grafik A 217/85 VII von Alo Altripp
Druck: WB-Druck, Rieden

INHALT

Ist also, mit dem Menschen verglichen, der Geist etwas Göttliches, so ist auch ein Leben im Geistigen, verglichen mit dem menschlichen Leben, etwas Göttliches. Wir sollen aber nicht den Dichtern folgen, die uns mahnen, als Menschen uns mit menschlichen und als Sterbliche mit sterblichen Gedanken zu bescheiden, sondern, soweit wir können, uns zur Unsterblichkeit erheben und alles tun, um unser Leben nach dem einzurichten, was in uns das Höchste ist ... Man darf aber geradezu sagen, daß dieses Höchste unser wahres Selbst ist.

Aristoteles[1]

PROBLEMSTELLUNG

*Die ganze Würde des Menschen
beruht auf dem Denken.
Was aber ist dieses Denken?*

Blaise Pascal[2]

Dem Denken gegenüber ist gegenwärtig eine Ratlosigkeit verbreitet, die sich in extremen Positionen äußern kann. Die einen halten mit hartnäckiger Beflissenheit an der Vorherrschaft des rationalen Denkens selbst dann noch fest, wenn dessen Fruchtbarkeit in Frage gestellt werden muß. Man spricht dann z.B. von einem «Methodenfetischismus». Auf der anderen Seite verschafft sich seit einigen Jahrzehnten eine Ablehnung des Denkens überhaupt zunehmend Geltung. Es sei «verkopft», es isoliere und bilde einen «Panzer» der Rationalität um die Seele. – Beide Extrempositionen fußen auf demselben Irrtum: daß diejenige Form des Denkens, die sich in der Neuzeit herausgebildet hat, schon «das» Denken sei. Auch wenn ein Blick in die Bewußtseinsgeschichte anderes lehren könnte, nimmt man doch das heute ausgeprägte Denken nicht als Entwicklungsetappe, sondern man ist geneigt, es zu verabsolutieren und alles Frühere nur als unvollkommene Vorformen zu betrachten. Man hält Denken für optimierbar, aber nicht für entwicklungsfähig. Es bleibt dann der persönlichen Vorliebe überlassen, ob man es unterscheidungslos vergötzen, unbesehen ablehnen oder mit Gleichgültigkeit strafen will.

Auch Rudolf Steiner geht von den gegenwärtigen Gegebenheiten des Denkens aus. Er zeigt jedoch, daß es für dieses Denken Entwicklungsmöglichkeiten gibt, die ihm bisher verschlossene Wirklichkeitsebenen öffnen. Die Wege dazu näher zu beschreiben, macht er zu seinem besonderen Anliegen.

Nach einer alten Überlieferung lösen sich in Perioden von dreihundert bis vierhundert Jahren Erzengel in der Herrschaft über ein Zeitalter ab und prägen das Bewußtsein der Menschen. So leben wir Heutigen in einer von Michael geprägten Zeit. Zu ihrer Charakterisierung greift Rudolf Steiner gelegentlich auf das alte Bild vom Drachenkampf zurück. Ein solcher Kampf hat immer wieder stattgefunden, zuletzt in den mittleren Jahrzehnten des vorigen Jahrhunderts. An seinem Ende hat Michael den Drachen und seine Scharen besiegt, d.h. er hat sie aus der übersinnlichen Welt auf die Erde gestoßen, in die Menschenwelt. So leben diese Drachenkräfte heute mehr denn je unter uns. Aber die Menschen sind dadurch zugleich in die Lage versetzt worden, ihre Lebens- und Handlungsimpulse aus einer geistigen Welt zu holen, in der der Drache nicht mehr herrscht. Darin liegen besondere Möglichkeiten zur Entwicklung des Denkens.

Der vorliegende Essay nimmt seinen Ausgangspunkt von den Darstellungen Rudolf Steiners über die Verwandlung des Denkens. Diese Verwandlung besteht vor allen Dingen darin, das Denken aus den Fesseln des Kopfes zu befreien und es in den Herzen der Menschen anzusiedeln. Zunächst sind die Merkmale des michaelischen Denkens und die Charakterzüge des Herzdenkens zu beschreiben, sodann die Übungswege, die zu deren Ausbildung führen. Schließlich wird die Frage aufgeworfen, woran der «michaelische» Charakter unserer Zeit erkennbar wird. – Beabsichtigt ist, den *Grundzug* des michaelischen Denkens herauszuarbeiten. Wo Einzelheiten bereits beschrieben sind, wird in den Anmerkungen darauf verwiesen. Es zeigt sich bei diesen Versuchen einmal mehr, daß die Darstellungen Rudolf Steiners den Leser um so wirksamer zu eigener Erkenntnis anregen können, je ernster er sie nimmt. Aus diesem Grund haben die folgenden Ausführungen streckenweise den Charakter einer Studie zum Werk Steiners und erscheinen in der gleichnamigen Reihe der Edition Hardenberg. Sie sind Teil-Ergebnis eines Forschungsvorhabens am Friedrich von Hardenberg Institut für Kulturwissenschaften in Heidelberg.

PROMETHEUS UND MICHAEL

Prometheus wird für seine menschenfreundlichen Taten von dem Göttervater Zeus an einen Felsen des Kaukasus geschmiedet. Mitfühlende Wesen besuchen ihn in der Einöde und erkundigen sich, wofür er so schwer büßen muß. Prometheus erläutert daraufhin, daß er den Menschen eine entscheidende Bewußtseinsentwicklung gebracht habe; er machte sie «innengeistig» (ennus). Der Dichter Aischylos, der diese Szene beschreibt, hat das Wort «innengeistig» offensichtlich eigens dafür geschaffen. Es kommt – soviel wir wissen – vor dieser Szene in der griechischen Sprache nicht vor. Was meint er damit? Prometheus rühmt sich, dafür gesorgt zu haben, daß die geistige Fähigkeit nun in den Menschen hineinverlegt worden ist. Vorher kam sie ihm mehr von «außen» zu. Wir lesen in der älteren epischen Dichtung, wie der Mensch vor wichtigen Entscheidungen ins Nachdenken gerät und ihm dabei das Wesentliche von göttlicher Seite inspiriert wird.[3] Durch die Tat des Prometheus ist er zu eigenständiger geistiger Leistung fähig geworden. Er kann seine Entscheidungen selber treffen und verantworten. – Darauf zielt auch die nächste Tat, derer sich Prometheus rühmt: Er habe die Menschen «zu ihres Verstandes Herrn» gemacht (phrenon epebolus). Sie können jetzt mit ihren Gedanken bewußt umgehen. – Eine weitere Errungenschaft betrifft die Sinneswahrnehmung: Zuvor konnten die Menschen ihre Sinnesorgane nicht gebrauchen. Wenn sie die Augen aufmachten, sahen sie nichts, und wenn sie hören wollten, vernahmen sie nichts. Das heißt zugleich, sie hatten keine Unterscheidungsfähigkeit. «Nein, nächtigen Traums

Wahnbildern gleich vermengten sie alles.» Die Unterscheidung zwischen Wachen, Träumen und Schlafen war für die Menschen vor Prometheus noch nicht eindeutig. Die Frucht der neuen Wachheit, verbunden mit gedanklichen Leistungen und Sinneswahrnehmungen, ist die gesamte Technik, vom Hausbau über die Viehzucht bis zur Schrift, von der Entdeckung von Heilmitteln bis zur Seefahrt. Kurz, «alle technischen Fähigkeiten kommen den Sterblichen von Prometheus her».

Der Bewußtseinseinschlag, der den Menschen Selbständigkeit brachte, sie zugleich aber aus der Nähe der Götter entfernte, wird in vielen Kulturen beschrieben, im Alten Testament als «Sündenfall». So wie die Griechen ihn beschreiben, handelt es sich dabei um die Tat eines luziferischen Wesens, mit der das «finstere Zeitalter» beginnt. Sie bringt die Verselbständigung der Menschen, ihre Fähigkeit zu Intelligenzleistungen und zugleich die Verdunkelung ihres Bewußtseins. Schon der Komödiendichter Platon im 4. Jh. v. Chr., Zeitgenosse des Arsitophanes, setzte Prometheus mit dem «Geist (nus) des Menschen» gleich. Diese geistige Fähigkeit lebt seither, so beschreibt der Epiker Hesiod, in zwei Formen unter den Menschen: als die eigentlich prometheische Kreativität, die Fähigkeit, selbständig Entwicklungen vorauszudenken und entsprechende Vorkehrungen zu treffen; und zum anderen als Denkform des Epimetheus, der beim Vorausdenken versagt, aber hinterher scharfe Analysen liefern und nach der Ursache von eingetretenen Ereignissen fragen kann.[4] – In diesen beiden Formen, als kreative und als analytische Intelligenz, leben die Gaben des Prometheus und seines Bruders Epimetheus weiter. Prometheus aber wurde für seine Taten in der Einsamkeit des Kaukasus an den Felsen geschmiedet, während sich Epimetheus frei bewegen konnte. Das mag im Bilde des Mythos erklären, warum die analytische Intelligenz heute eine so große Rolle spielt, für den technischen Fortschritt unverzichtbar ist und fast ausschließlich die Ziele des öffentlichen Bildungswesens bestimmt. Auf der anderen Seite ist in den letzten Jahrzehnten immer deutlicher geworden, daß man die prometheische Leistung des menschlichen Denkens, das Kreative und Intuitive, nicht weiter vernachlässigen darf. Vor allem in den Führungsetagen des Wirtschaftslebens ist der Ruf nach Intuitionsfähigkeit laut geworden. Man bemerkt mehr und mehr, daß ohne geistige Innovationsfähigkeit nichts mehr weitergeht. Man ruft sozusagen nach einer Entfesselung des Prometheus und versucht alles, um sie ins Werk zu setzten. Was man sich davon erwartet, wird allerdings meistens in alten Mustern gedacht. Man will das alte Denken, das steckenblieb, befreien und wiederbeleben, ohne es zu verändern. Bei der «Spiritualisierung des Denkens», von der im folgenden die Rede ist, geht es jedoch um etwas Neues.

Nun ist nicht nur die Spiritualisierung des Denkens charakteristisch für ein Zeitalter des Zeitgeistes Michael, sondern auch die alte, luziferisch-prometheische Intelligenz. Das liegt schon im Charakter Michaels als des «Verwalters» der kosmischen Intelligenz auf dem Weg zu den Menschen[5], und gilt auch im besonderen: «Diese Intelligenz ist dem Menschen nur dadurch zugeteilt worden, daß jene höhere Wesenheit, von der ich als der Michael-Wesenheit gesprochen habe, luziferische Geister herabgestoßen hat in die Sphäre der Menschen, in die vierte Sphäre der Menschen, und dadurch in den Menschen der intelligente Impuls eigentlich hineingekommen ist. ... Nun, diese luziferische Geistigkeit, sie ist entstanden dadurch, daß Michael die Menschen sozusagen durchdrungen, influenziert hat mit der luziferischen Wesenheit.»[6] Dadurch kommt die Intelligenz «in die menschlichen Köpfe»[7], und die Vernunft der Menschen hat von Anfang an einen luziferischen Einschlag.

MICHAELISCHES DENKEN

Worum geht es nun heute, wenn diese ursprünglich luziferische Vernunft in ihren beiden Ausformungen, der kreativen und der analytischen, auf eine neue Stufe gehoben werden soll? Es kann sich ja nicht einfach darum handeln, dem «alten» Denken ein «neues» gegenüberzustellen, sondern das von Prometheus gebrachte Denken so zu verwandeln, daß es aus seiner Fesselung und Erdenschwere «auferstehen»[8] kann.

Was also heißt «Denken» im Zeichen Michaels? – Aus den vielfältigen Darstellungen Rudolf Steiners lassen sich einige zentrale Merkmale gewinnen. Sie bezeichnen – jedes für sich – Wendepunkte im Leben und Handeln des gegenwärtigen Menschen.

AUF DEN ZUKUNFTSMENSCHEN SCHAUEN: DER MENSCH ALS GEISTIGES WESEN

«Wir müssen lernen auf den Zukunftsmenschen schauen. Das heißt michaelisch denken. … Das macht die michaelische Denkweise aus, daß man aufhört, den Menschen anzuschauen als dieses Konglomerat von mineralischen Partikelchen, die er nur in einer gewissen Weise anordnet. … Wir wandeln unter unsichtbaren Menschen – das heißt michaelisch denken.»[9]

Gegenüber den heute herrschenden Ansichten vom Menschen bedeutet das «michaelische Denken» einen radikalen Schnitt. Es führt den Menschen zunächst einmal zurück zu seinem Ursprung, wie er in den Mythologien vieler Völker festgehalten ist. Der Prometheus der Griechen wurde tätig, «als Götter und Menschen sich schieden»,[10] und auch das Alte Testament sieht den Menschen zunächst im Paradies, d.h. in Gemeinschaft mit Gott und den Engeln. Es gilt, diesen Ursprung nicht zu vergessen. Aber nicht nur das: Indem man ihn realisiert, arbeitet man zugleich an den eigenen Zukunftszielen. Der «unsichtbare»

Wo liegt also dieses Ich, wenn es sich weder im Leib noch in der Seele befindet?

Blaise Pascal

Mensch ist nicht nur die Wesenheit, sondern auch das Zukunftsziel des Menschen – der «Zukunfts-Mensch». Thomas von Aquino hat diesen Zusammenhang von geistiger Vergangenheit und geistiger Zukunft einprägsam formuliert: «Auch wird dem Menschen dadurch ein gewisses Beispiel für jene selige Vereinigung gegeben, durch die der erschaffene Verstand mit dem unerschaffenen Geist im Verstehen vereinigt wird. Es bleibt nämlich nicht unglaublich, daß der Verstand des Geschöpfes mit Gott vereinigt werden kann, indem er Sein Wesen schaut, nachdem Gott mit dem Menschen vereinigt wurde, indem Er seine Natur annahm. Dadurch wird auch irgendwie die Gesamtheit des göttlichen Werkes vollendet, indem der Mensch, der zuletzt erschaffen wurde, in einer Art Kreislauf zu seinem Ursprung zurückkehrt, indem er durch das Werk der Menschwerdung mit eben dem Ursprung der Dinge vereinigt wird.» Diese Sätze stehen zur Beantwortung der Frage, warum Gottes Sohn Mensch geworden ist. «Daß Gott Mensch wurde, war dem Menschengeschlecht auch zum Erweis der Würde der menschlichen Natur notwendig, damit so der Mensch sich weder den Dämonen noch den körperlichen Dingen unterwerfe.»[11] Noch direkter formuliert dies Alanus ab Insulis, wenn er von Christus sagt: «Er ist Mensch geworden, auf daß der Mensch Gott werde.»[12] Von beiden wird darauf hingewiesen, daß die Frage nach dem Ursprung des Menschen von größter Bedeutung für seine Gegenwart und Zukunft ist und dadurch auch für die «Gesamtheit des göttlichen Werkes», das ohne die Vollendung des Menschen sein Ziel nicht erreichen würde. Und andererseits ist der geistige Ursprung des Menschen die Voraussetzung dafür, daß, trotz des Sündenfalls, der «erschaffene Verstand» des Menschen mit dem «unerschaffenen Geist» Gottes im Erkenntnisakt vereinigt werden kann; mit anderen Worten: daß das menschliche Denken der Spiritualisierung fähig ist. In diesen wenigen Sätzen des Thomas von Aquin ist nicht nur die Bedeutung des geistigen Ursprungs für die Zukunft des Menschen angesprochen, sondern auch alles andere, was heute mit «michaelischem Denken» in Verbindung zu bringen ist: die Spiritualisierung des Denkens, die Selbstverantwortung des Menschen und die Aufgabe, das Geistige im Irdischen aufzusuchen. Davon später.

Im heutigen michaelischen Zeitalter geht es also nicht mehr nur um eine *Entdeckung* des Geistigen, sondern um dessen *Realisierung* in den konkreten Lebensverhältnissen. Eine erste Aufgabe ist es dabei, die Wesenheit des Menschen als geistige zu verstehen. Was seit Thomas von Aquino verloren ging, gilt es heute lebenspraktisch wieder zu gewinnen. Im Anschluß an die oben zitierten Sätze über den «unsichtbaren Menschen» wird von Rudolf Steiner formuliert: «… das ist michaelisch denken: einzusehen, daß wir uns im Wesen ja gar nicht unterscheiden von den übersinnlichen Wesenheiten.»[13] Deshalb ist es heute so wichtig, das Geistige in seiner Konkretheit zu erfassen, d.h. die geistigen Wesen in der eigenen Umgebung zu wissen. Oder, radikal verkürzt: «Die Menschen müssen mit den Göttern zusammenarbeiten.»[14] – Diese Formulierung zeigt zu Thomas von Aquin sowohl Nähe als auch Unterschied. Auch bei Thomas hatte die Selbstvollendung des Menschen mit Christi Hilfe Bedeutung für das Werk Gottes. Bei

Rudolf Steiner kommt dem Menschen ein noch größeres Gewicht zu. Des Menschen Bedeutung erhält dadurch eine neue Dimension, daß die individuelle Freiheit seit Beginn der Neuzeit in das Zentrum der Entwicklung getreten ist. Der Mensch nimmt an der «Vollendung der Schöpfung» nur teil, wenn er das selbst will. Ohne sein bewußtes Zutun bleibt die Schöpfung unvollendet. –

Rückbesinnung auf den geistigen Ursprung führt zu einem neuen Verständnis dessen, was menschliche Individualität ist. In der bisherigen Geistesgeschichte – auch bei Thomas von Aquino – gilt der Körper als dasjenige, was Individualität bewirkt, als «principium individuationis». Der Geist ist groß und allgemein, individuell wird er dadurch, daß er mit einem Körper in Verbindung tritt. Der Körper mit seinen genetischen und kollektiven Bedingtheiten ist aber eigentlich dem Begriff des Individuellen unangemessen. Er sorgt bestenfalls für eine unverwechselbare Kombination von Merkmalen. Hier tritt heute eine bedeutende Wendung ein: Der Körper hat Bedeutung für das Selbst*bewußtsein*, aber der Mensch in seiner wahren Individualität konstituiert sich aus dem Geistigen heraus. Erfahrungen dieser Art werden vor allem seit der Mitte dieses Jahrhunderts beschrieben, in den Gulag- und KZ-Erinnerungen, etwa bei Solschenyzin, Ginsburg, Kopelew, Lusseyran oder Frankl. Gerade in der körperlichen Beschränktheit, unter menschenunwürdigen Umständen, wurde das Auftreten dieses neuen Ich-Bewußtseins besonders bemerkbar. Alle körperbetonten psychologischen Theorien vom «Ich», an denen ja gerade das zwanzigste Jahrhundert reich war, verblassen gegenüber solchen Erfahrungen. – Rudolf Steiner hat bereits in der *Philosophie der Freiheit* den Umschlag des Individualitätsverständnisses im einzelnen dargestellt: Das subjektive, auf sich selbst bezogene Ich wird durch die Organisation des Menschen bestimmt. Ihm wird das denkende Ich gegenübergestellt. Dieses ist individuell durch seine Stellung an der Peripherie des Universums. Der Mensch hat eine «Doppelnatur»: «Er denkt und umschließt damit sich selbst und die übrige Welt; aber er muß sich mittels des Denkens zugleich als ein den Dingen gegenüberstehendes Individuum bestimmen.»[15] Daraus ergibt sich ein «Pendelschlag» «zwischen dem Mitleben des allgemeinen Weltgeschehens und unserem individuellen Sein».[16] «Eine wahrhafte Individualität wird derjenige sein, der am weitesten hinaufreicht mit seinen Gefühlen in die Region des Ideellen.»[17]

Was Rudolf Steiner hier als «Doppelnatur» des Menschen bezeichnet, geht bereits über das übliche Verständnis von Person und Individualität hinaus. Doch im zweiten Teil des Buches wird dieses Verständnis so weit gesteigert, daß es in eine radikal andere Sicht umschlägt. «Das Individuelle in mir ist nicht mein Organismus mit seinen Trieben und Gefühlen, sondern das ist die einige Ideenwelt, die in diesem Organismus aufleuchtet.»[18] Diese Anschauung wird ausführlich begründet. Sie ist gegenüber allen herrschenden Ansichten über Individualität eine Herausforderung.[19] Aus *diesem* Verständnis des Individuellen erst leitet sich Rudolf Steiners ethischer Individualismus her. Ohne diese Grundlage ist er nicht verständlich – und er wird ja auch meistens nicht verstanden. – Der erwähnte Umschwung des menschlichen Selbstverständnisses ist hier in seinen einzelnen Schritten aufgezeigt. Er steht mit dem gegenwärtigen michaelischen Zeitalter in unmittelbarer Verbindung; denn er bewirkt zugleich eine neue Dimension der menschlichen Freiheit.

Während im vierten nachatlantischen Zeitalter der Mensch streben mußte mit aller Gewalt, sich bewußt zu werden des Ich im physischen Leibe, so muß der Mensch unseres fünften nachatlantischen Zeitraumes darauf hinarbeiten, sich bewußt zu werden, daß das Ich der geistigen Welt angehört. Rudolf Steiner[20]

«DIE SEELE IST DAS, WAS SIE VON SICH ZU DENKEN VERMAG» – DIE NEUE FREIHEIT.

Man kann als einen weiteren Grundzug des zwanzigsten Jahrhunderts den Kampf um die Freiheit des Menschen sehen. Diese wird zunächst als bürgerliche Freiheit im Nachwirken der französischen Revolution verstanden (Meinungsfreiheit, Redefreiheit, Pressefreiheit, Versammlungsfreiheit usw.); Freiheit beruht hier vor allem auf der Nichteinmischung durch andere. Sie gewährt persönliche Freiräume. Man wird nicht behaupten dürfen, der Kampf um diese Freiheit sei bereits siegreich beendet. Er muß weitergehen, und dies nicht nur in fernen Regionen der Erde. Gleichwohl soll hier noch von einer anderen Art von Freiheit gesprochen werden. *Wie frei* ist eigentlich der Mensch, wenn die bürgerliche Freiheit erreicht ist? Längst sind wir – auch dies ist ein Zeichen des zwanzigsten Jahrhunderts – in Anschauungen verstrickt, denen der Mensch als leiblich, seelisch oder geistig determiniert gilt. Die leibliche Determinierung wird hervorgehoben durch die Ansicht, der Mensch sei ein genetisch bestimmter Primat, der ständig mit seinen ererbten Instinkten und Fertigkeiten zu kämpfen oder sie mühsam zu optimieren habe. Als seelisch determiniert gilt der Mensch z.B. denen, die der frühkindlichen Prägung eine alles entscheidende Bedeutung für den weiteren Lebenslauf zusprechen. Eine geistige Determinierung wird von denjenigen vorausgesetzt, die den Menschen vor allem als Mängelwesen ansehen, das erst durch sein gesellschaftliches Umfeld zu dem gemacht wird, was es ist. Selbst dann, wenn der Mensch hauptsächlich als Vernunftwesen gesehen wird, wird er zugleich in ein Netzwerk von Regeln und moralischen Vorschriften eingespannt, da man ihm offensichtlich nicht zutraut, sein Verhalten selbstverantwortlich bestimmen zu können. Darwin, Freud, Marx und Kant sind so die großen Namen geworden, mit deren Erbschaften sich das zwanzigste Jahrhundert im Hinblick auf die Freiheit des Menschen auseinanderzusetzen hatte.

Im Unterschied zu der Zeit vor dem Sündenfall bzw. der «Trennung von Göttern und Menschen» ist der Mensch heute frei geworden, sich so oder so zu verhalten. Dazu gehört auch die Möglichkeit, seinen geistigen Ursprung zu leugnen oder ihn zu vergessen. Der Mensch kann niemanden für seine Existenzweise verantwortlich machen als sich selbst. «Ein *freies* Wesen kann er nur *selbst* aus sich machen.»[21] Wer davon kein Bewußtsein hätte, müßte die Pflege seiner geistigen Wesenheit an andere Instanzen abgeben (Kirchen, Ideologien, Ethikkommissionen u.ä.). Heute gilt hingegen: «Es muß der Mensch das werden, als was er sich denkt.» Und: «Die Seele ist das, was sie von sich zu denken vermag.»[22] Eine bewußte Gestaltung des Denkens ist der erste Schritt auf dem Weg zur neuen, inneren Freiheit. Daher ist auch das «michaelische Zeitalter» nichts, was die Menschheit einfach überkommt. Es ist vielmehr eine Chance, die ergriffen werden kann. Die heutige Michael-Offenbarung «drängt sich dem Menschen nicht mehr auf, weil der Mensch in seine Freiheitsentwicklung eingetreten ist».[23] Damit bildet sich zugleich ein neues Verhältnis zwischen dem individuellen Menschen und der geistigen Wirklichkeit. Eigenständigkeit bedeutet nicht länger Isolation aus dem kosmischen Zusammenhang, sondern stellt sich in diesen hinein. Freiheit im Zeichen Michaels heißt nun: vollständige Autonomie und Eigenständigkeit des Einzelnen, dabei aber so etwas wie «Kooperationsangebote» der geistigen Welt, die der Mensch erkennen und ergreifen kann – oder eben nicht. Dazu gehört auch, daß die Ziele, die der Mensch sich selbst sinnvoll setzt, durch eine solche «Kooperation» deutlicher werden als in Isolation. Es sind also gerade Anregungen für seine eigene Existenz und seine Handlungsperspektiven, die der Mensch sich aus dieser «Zusammenarbeit mit den Göttern»[24] holen kann. Daher gehört zum michaelischen Denken die innere Aktivität. Und es kann geradezu von einer »Aufforderung» Michaels gesprochen werden, «daß wir bis in unsere Gedanken hinein aktiv werden, so daß wir uns unsere Weltanschauung durch innerliche Aktivität als Menschen erarbeiten».[25] Darin liegt der Aufruf zu geistiger Produktivität und Empfänglichkeit. Denn das bedeutet, daß jeder einzelne sein Verhältnis zum Geistigen selbst realisieren muß. Worum es geht, kann in knapper Form auch so formuliert werden: «Michael will, daß der Mensch ein freies Wesen ist, das in seinen Begriffen und Ideen auch einsieht, was ihm als Offenbarung von den geistigen Welten aus wird.»[26] Nichts soll also in Erkennen und Handeln einfließen, was nicht vollständig selbst durchschaut ist. Das ist der tiefere Hintergrund der «Freiheit» in der Zeitenführung durch Michael. Zu dieser Freiheit gehört nicht in erster Linie ein «Dürfen», sondern innere Aktivität und Selbstverantwortung. Sie ist nicht einfach gegeben und kann auch nicht von anderen gefordert werden, sondern sie beruht auf Selbsterziehung und besteht in Selbstverantwortung. – Dieser Freiheitsbegriff Rudolf Steiners steht im Zusammenhang mit dem «michaelischen Zeitalter»: «Wie Michael von diesem Zeitpunkte der Weltentwickelung seinen Weg *bloß zeigt*, so daß ihn der Mensch in Freiheit wandeln kann, das unterscheidet *diese* Michael-Führung von allen früheren Erzengel-Führungen, ja von allen früheren Michael-Führungen selbst. Die Führungen *wirkten* im Menschen; sie zeigten nicht bloß *ihr* Wirken, so daß der Mensch in dem seinigen damals nicht frei sein konnte. Dieses *einzusehen*, ist des Menschen gegenwärtige Aufgabe, damit er mit seiner ganzen Seele seinen Weg des Geistes innerhalb des Michael-Zeitalters finden könne.»[27]

IM MATERIELLEN DAS GEISTIGE SEHEN: LIEBE.

Ein dritter Grundzug des zwanzigsten Jahrhunderts: Die ursprünglich beabsichtigte Beherrschung der Natur durch die Technik ist längst in die Abhängigkeit des Menschen von der Technik umgeschlagen. Jeder Stromausfall und jede Ölkrise führen das drastisch vor Augen. Zudem finden sich heute viele Menschen in ihrem Lebensgefühl in eine fremde, oft sogar als öde erlebte Welt «geworfen», sofern sie diesen Zustand nicht durch die Errungenschaften der Konsum- und Medienwelt überdröhnen. Die materielle Welt bestimmt – so oder so – auf weite Strecken die Existenz des Menschen. Das reicht bis in das soziale Leben hinein: Statistik statt Begegnung, Manipulation statt Selbstbestimmung, Eigeninteresse statt gemeinsamer Ziele sind ganz normale Erscheinungen geworden. Auch die Natur selbst hat bei diesem Vorgang unumkehrbare Schäden genommen. Und längst gibt es energische Versuche, die Reduktion der Natur auf chemische und physikalische Prozesse und ihre Indienststellung für die technische Welt wiederaufzuheben.[28] Hier bestehen noch viele ungelöste Erkenntnisfragen.

Wie ist die vielfach erhobene Forderung nach radikaler Umkehr zu leisten? Es gibt eine Eigenart des michaelischen Denkens, die hier gefordert ist. Sie besteht darin, «Materie» und «Geist» nicht länger als zwei unvereinbare Prinzipien der Welt anzusehen, die nichts miteinander zu tun haben. Vielmehr gilt es, das Wirken des Geistes in der Materie aufzufinden.

«Michael muß uns durchdringen als die starke Kraft, die das Materielle durchschauen kann, indem sie im Materiellen zu gleicher Zeit das Geistige sieht, indem im Materiellen überall der Geist gesehen wird. ... Die Fleischwerdung des Wortes ist die erste Michael-Offenbarung, die Geistwerdung des Fleisches muß die zweite Michael-Offenbarung sein.»[29] In dem Augenblick, in dem «Geist» nicht einfach als eine abstrakte Wirklichkeitsebene angesehen wird, sondern alles «Geistige» sich als Taten geistiger *Wesen* herausstellt, ändert sich auch das Verhältnis zur Materie. Materie ist eine andere Existenzform des Geistigen. Es geht deshalb darum, den geistigen Charakter des Materiellen zu durchschauen und zu würdigen. Das führt zu einem tieferen Verständnis des Materiellen selbst. Nicht Abwendung von der Materie und Hinwendung zum Geist ist das Lebensziel im michaelischen Zeitalter, sondern umgekehrt: das Geistige im Materiellen zu sehen. Daraus ergeben sich zwei Anforderungen: (1) «Wir müssen uns bewußt werden des Spiegelcharakters unserer Vorstellungswelt ... wir müssen versuchen, unsere Gedankenwelt in ihrem Spiegelungscharakter zu erkennen...» und (2) «in unseren Willen dasjenige hineinbringen, was lediglich aus einer solchen Realität folgt, die wir als übersinnliche erkennen müssen».[30]

Bei dem Versuch, die materielle Welt zu durchschauen, gilt es also zunächst, ein realistisches Verhältnis zu den eigenen Gedanken zu bekommen. Die Realitätsferne des Denkens wird heute vielfach beklagt, und es gibt, wie eingangs erwähnt, zwei große Fluchtbewegungen: Die einen beschränken sich, wenn sie denken, auf logische Stimmigkeit. Sie reduzieren das Denken auf ein methodisches Vorgehen, das zu befolgen ist. Was substantiell dabei herauskommt, wird man dann schon sehen. Diese Haltung ist vielfach im wissenschaftlichen Raum verbreitet. In den Gegensatz dazu stellt sich eine Auffassung, die vor der scheinbaren Wirklichkeitsferne des Denkens resigniert und das Denken ganz aufgeben möchte: Ablehnung des Denkens, Flucht ins Gefühl oder einfach Beliebigkeit. Der michaelische Zugang zum Denken ist anders: Er versucht, das Denken zunächst in seiner Unwirklichkeit, seinem «Spiegelungscharakter» zu *verstehen*. In dem Maße, wie dies gelingt, kann dann auch zu den Wirklichkeiten, die sich im Denken abspiegeln, vorgedrungen werden. Das ist die erste Anforderung. Die zweite besteht darin, die Willenshandlungen nicht aus dem Instinkt, aus Sachzwängen oder aus den Gegebenheiten der Sinneswelt folgen zu lassen, sondern aus geistiger Produktivität. Was sich aus diesen beiden Anforderungen ergibt, hat Rudolf Steiner beispielsweise in den beiden Teilen seiner *Philosophie der Freiheit* ausführlich dargestellt.

Insgesamt geht es darum, «in dem Materiellen selber das Geistige zu suchen, daß man es zugleich beschreiben könne als das Geistige, und in dem Geistigen den Übergang ins Materielle, die Wirkungsweise im Materiellen zu erkennen ... Geist, Seele und Leib ineinanderwirkend. Das wird Michaelkultur sein.»[31] Dies alles hat auch eine historische Dimension. Die Geistesgeschichte befolgt offenbar die Goethesche Aufforderung: «Dich im Unendlichen zu finden / Mußt unterscheiden und dann verbinden.»[32] Nach einer Phase der Ungeschiedenheit zwischen Materie und Geist noch bei den vorsokratischen Philosophen stellte sich seit Platon immer deutlicher eine Zweiheit zwischen beiden heraus. Dabei wurde im Laufe der Geschichte mal mehr das Geistige, dann wieder das Materielle hervorgehoben. Letzteres dominiert in den Anschauungen der Neuzeit. Heute ist es notwendig, diese Zweiheit als Polarität und nicht als Gegensatz zu verstehen, d.h. den Zusammenhang der beiden Pole wieder ins Bewußtsein zu fassen, ohne zu der alten Vermischung zurückzukehren. Das verlangt nicht etwa eine neue Systematik, sondern die Entwicklung einer inneren Kraft, des «Mutes» nicht nur zu diskutieren über äußere soziale Organisationen und dergleichen, sondern etwas zu tun, was die Erde an den Himmel bindet, was die physischen Verhältnisse wieder an die geistigen Verhältnisse bindet. Dann würde, weil dadurch der Geist wiederum in die irdischen Verhältnisse eingeführt würde, unter den Menschen wirklich etwas geschehen, was ein mächtiger Impuls wäre zur Weiterführung unserer Zivilisation und unseres ganzes Lebens.»[33] Dieser Mut mündet ein in die Entfaltung von Liebe. «Liebe muß im Verhältnis zur Außenwelt sich zunächst entfalten, sonst wird sie Selbstliebe. Ist dann diese Liebe in der Michael-Gesinnung da, dann wird *Liebe zum anderen* auch zurückstrahlen können ins eigene Selbst. Und dieses wird lieben können, ohne sich selbst zu lieben. ... Wer sich an Michael hält, der pfleget im Verhältnis zur Außenwelt der Liebe, und er findet dadurch *das* Verhältnis zur Innenwelt seiner Seele, das ihn mit Christus zusammenführt.»[34]

DASS DIE IDEEN SEHEND WERDEN: SPIRITUELLE INTELLIGENZ.

In den bisher genannten Eigenschaften des Michaelischen liegt ein weiterer Aspekt verborgen: eine andere Art zu denken. Es geht hier nicht um bestimmte Inhalte (Objekte) des Denkens, sondern um die Entwicklung einer inneren Kraft, um ein «spiritualisiertes Denken», um «spiritualisierte Begriffe»[35] im Gegensatz zur Abstraktion, die als ahrimanisch tingiert erlebt wird.[36] Die kalte, abstrakte Gedankenwelt wird dadurch durchwärmt[37], und das menschliche Denken öffnet sich wieder einer geistigen Wirklichkeit: »Von dieser Tatsache, daß die Ideen des Menschen nicht nur ‹denkend› bleiben, sondern im Denken ‹sehend› werden, hängt unermeßlich viel ab.»[38] Denn das ist die Voraussetzung dafür, daß der Mensch ohne Verlust seines Ursprungs seine Zukunftsvollendung finden kann.[39] Für das Denken selbst gilt: es ist Aufgabe unserer Zeit, Intelligenz mit Spiritualität zu verbinden.[40]

Von einer Öffnung des menschlichen Denkens dem Geistigen gegenüber spricht, wie erwähnt, bereits Thomas von Aquin. Schon Thomas sah sich vor die Aufgabe gestellt, geistesgeschichtlich verlorenes Terrain wiederzugewinnen. Ein Denker wie Platon – ebenfalls in einem Michael-Zeitalter lebend – sah lange vorher diesen Verlust kommen und versuchte, ihn aufzuhalten. Nachdem im Mythos des Dialogs *Phaidros* die Erlebnisse der Seele zwischen Tod und neuer Geburt bis hinauf zum «überhimmlischen Ort» beschrieben worden sind, wird an die platonische Ansicht von der Herkunft alles menschlichen Wissens aus vorgeburtlicher Erfahrung (anamnesis) angeknüpft. Angesichts andersartiger Ansichten, die nicht zuletzt auf seinen Schüler Aristoteles zurückgehen, beschreibt Platon in seinem Alterswerk den Zusammenhang von Ideen- und Sinneserkenntnis: «Denn der Mensch muß gemäß dem, was man Idee nennt, Einsicht gewinnen, indem er von den zahlreichen Wahrnehmungen ausgehend zu dem kommt, das durch die Überlegung (logismos) zu einer Einheit zusammengefaßt wird. Das aber ist nichts anderes als die Wiedererinnerung an das, was unsere Seele einst gesehen hat, als sie gemeinsam mit dem Gott dahinfuhr, als sie auf das herabsah, von dem wir nun sagen, daß es *sei*, und als sie ihren Blick zu dem wahrhaft Seienden emporhob.»[41]

Erkennen heißt also für Platon nach wie vor «verstehen gemäß dem, was man Idee nennt»; schon seit längerem tobte damals in der Philosophie Athens der Kampf um die Bedeutung der Sinneswahrnehmung, die von einigen Zeitgenossen besonders geschätzt, von Platon aber als Erkenntnismittel zunächst strikt abgelehnt wird. Erst im Spätwerk erkennt er ihr wenigstens eine methodische Bedeutung zu: sie ist Anlaß zum eigentlichen Erkennen. Vordergründig besteht der Erkenntnisvorgang darin, eine Vielzahl von Sinneswahrnehmungen durch begriffliches Denken zu einer Einheit zusammenzufassen. Man nennt das «Abstraktion». In Wirklichkeit aber, so sagt Platon, beruht die Erkenntnis auf der Wiedererinnerung an die vorgeburtliche Schau in der Ideenwelt. Was uns «Abstraktion» zu sein scheint, nämlich das Herausfiltern des Gleichartigen aus den einzelnen Sinneswahrnehmungen und das Zusammenfassen des Gemeinsamen im Begriff, das ist für Platon in Wirklichkeit eine von der Sinneswahrnehmung nur ausgelöste Erinnerung an die Ideenschau.

Die heutige Bemühung steht unter umgekehrtem Vorzeichen. Es geht nicht darum, die Bedeutung des geistigen Erlebens vor einem Heranbranden des Sinnlichen zu retten, sondern vielmehr darum, im Sinnlichen, dessen sich gerade die Neuzeit so erfolgreich bemächtigt hat, die geistige Wirklichkeit wieder zu entdekken. Das ist sozusagen der umgekehrte Prozeß wie vor fast zweieinhalbtausend Jahren bei Platon. Was heute nottut ist, ein reines Denken zu entwickeln, das sich in sich selbst halten und das die Grundlage für geistige Erfahrung abgeben kann. Und es geht darum, ein gestaltendes Denken auszubilden, das nicht bei handlungsferner Theoriebildung stehen bleibt, ein Denken, dessen Betätigung nicht der intellektuellen Bewältigung der Wirklichkeit dient, sondern das zu einem Erleben dieser Wirklichkeit führen kann.

Dieses schauende Denken wird als ein Denken mit dem Herzen charakterisiert.

Jedoch wird, was in der menschlichen Erkenntnisweise unvollkommen ist, in der Zukuft vollkommener werden. Im Engel aber ist die Erkenntnis Gottes bereits vollkommen.

Alanus ab Insulis[41a]

HERZDENKEN

*Wir erkennen die Wahrheit nicht allein mit der
Vernunft, sondern auch mit dem Herzen; auf
diese zweite Art erkennen wir die ersten Prinzipien,
und vergeblich versucht das Vernunftdenken, das
an ihnen nicht teilhat, sie zu bekämpfen.*

Blaise Pascal

Was ist mit «Herzdenken» gemeint? Worin unterscheidet es sich
vom Denken durch den Kopf? – Das wird am deutlichsten er-
klärt in vier zusammenhängenden Vorträgen aus dem Jahre
1910.[42]
Das Kopfdenken, die Rationalität der Neuzeit, kennt zeitlich
verlaufende Gedankengänge; es ist diskursiv. Das Herzdenken
hingegen schätzt die Form der Sinnbilder, und der Gedanke tritt
in *einem* Augenblick auf. «Dieses Unmittelbare, das ist das Charakteristische des Herzdenkens.» Beide Arten des Denkens stehen auch insofern in einem Gegensatz, als das Herzdenken durch
logische Kritik eher vertrieben wird. Insgesamt sind *drei* Arten
von Denken zu unterscheiden:

1. Ein Herzdenken, dessen Urteile durch unmittelbares Gefühl,
   ohne Logik zustande kommen. Das Herz urteilt «aus einem
   Unterbewußtsein, aus einem noch nicht vom Verstand ge-
   tränkten Bewußtsein». Die unmittelbaren Eindrücke des
   Herzens sind noch nicht vom Verstand durchzogen. Diese
   Art des Denkens ist in unserem Alltagsleben sehr üblich. Sie
   ist allerdings anfällig für Irrtümer; ihr fehlt die Sicherheit des
   Erkennens.

2. An die Stelle des Gefühls tritt bei der zweiten Art, dem kritischen oder wissenschaftlichen Denken, die Intelligenz. Hier

ist die ursprüngliche Logik des Herzens (1) durchzogen und dominiert von den Begriffen und Ideen der Logik des Verstandes. Die logischen Beweisverfahren dieses Denkens gewährleisten eine formelle Sicherheit.

3. Das zukünftige Denken des Herzens gibt die Leistungen der Intelligenz nicht preis, sondern fügt ihnen etwas hinzu. Hier geht es darum, «aus der Unmittelbarkeit (des) Fühlens heraus die Wahrheit zu schauen», ohne die Errungenschaften des Verstandesdenkens aufzugeben. Der gedachte Inhalt und der denkende Mensch stehen dadurch in einem unmittelbaren Zusammenhang: Irrtümer verfälschen nicht nur einen Sachverhalt, sondern sie schmerzen. «Leid und Schmerz gegenüber dem Unwahren, dem Häßlichen, dem Bösen zu empfinden, auch wenn es nicht uns selbst zugefügt wird, und Lust zu empfinden gegenüber dem Schönen, Wahren, Guten, auch wenn es uns gar nicht persönlich angeht, das gehört zur Trainierung für denjenigen, der sich Denken des Herzens anlernen will.» Die Errungenschaften der Verstandesintelligenz bleiben dabei in Geltung. «Während auf der niederen Stufe diese Logik des Herzens (1) nicht durchglüht und durchleuchtet war von dem, was der Mensch sich durch seinen Verstand aneignet, wird die Logik des Herzens auf einer höheren Stufe (3) durchtränkt, durchglüht, durchleuchtet sein von dem, was er auf der jetzigen Stufe der Entwickelung durch Begriffe, durch Ideen erworben hat.» Insofern muß die Logik des Kopfes der Logik des Herzens immer vorausgehen. Sie ist ein wichtiges Schulungsmittel, aus dem eine Gewissenhaftigkeit der Wahrheit gegenüber entsteht. Es ist mit der Logik des Kopfes so wie mit dem Schreibenlernen: Das Wichtige daran ist die erworbene Fähigkeit. Es handelt sich also bei der Logik des Herzens nicht um einen Ersatz der Gedankenlogik, sondern um einen weiterführenden Schritt des Denkens. «Und das ist gerade die Aufgabe der Zukunft, daß das Kopfwissen allmählich in Herzenswissen umgewandelt wird.»[43]

Aufgrund der Logik des Herzens verändern sich auch sonst die seelischen Verhältnisse des Menschen, z.B. die Art seines Gedächtnisses und sein Verhältnis zur Zeit. Vor allem aber schließt Herzdenken eine Gesinnung aus, die zur anerkannten Geißel der Menschheit geworden ist, heute aber zumeist wie ein selbstverständliches Übel hingenommen wird: den Egoismus. «Die Logik des Denkens ist vereinbar mit dem stärksten Egoismus. Die Logik des Herzens ist imstande, allmählich allen Egoismus zu überwinden und alle Menschen zu Teilnehmern einer Menschengemeinschaft zu machen.» «... immer sagt das Herz zum Kopfe Nein, wenn nicht Geistiges gesucht wird, oder wenn Wissen nur angestrebt wird aus einem bloßen Egoismus, aus Begierde, Ehrgeiz und so weiter.»[44]

Die Fähigkeit des Herzdenkens entsteht infolge der Ausbildung neuer Erkenntnisorgane, die in der Tradition der Esoterik «Lotosblumen» oder «Chakren» genannt werden. Dabei geht es im Zusammenhang mit dem Herzdenken besonders um die Ausbildung eines bestimmten Organs, das in der Nähe des Herzens lokalisiert ist. Darauf wird noch näher eingegangen.

Während das Kopfwissen schnell aufzunehmen ist, entwickelt sich die Fähigkeit des Herzdenkens langsamer. Im Lebenslauf des Menschen ist das Kopfwissen früher vollendet als das Herzdenken.[45]

Insgesamt bedeutet das Herzdenken eine Verstärkung der Gedankentätigkeit. «Die Gedanken sollten nur nicht so schwach sein, daß sie im Kopfe oben sitzen bleiben. Sie sollten so stark sein, daß sie durch das Herz und durch den ganzen Menschen bis in die Füße hinunterströmen. ... Aber das wertvollste ist, wenn die Gedanken ein Herz haben.» Das führt zu einer «Herzhaftigkeit des ganzen Geisteslebens.»[46] Deshalb ist das Herzdenken auch dauerhafter. «Was der Mensch im Kopfe trägt, verliert er unterwegs. Aber was er in das Herz aufnimmt, das bewahrt das

Herz in alle Wirkungskreise hinein, in die der Mensch versetzt werden wird.»[47]

Nach diesen Beschreibungen bestehen also die wesentlichen Unterschiede des Herzdenkens zum Kopfdenken im folgenden:

1. Das Herzdenken ist unmittelbar, evident und erlebend statt diskursiv, folgernd und beweisend. – Das ist geistesgeschichtlich keineswegs neu. Vor dem Siegeszug des logischen Denkens war die Unterscheidung zwischen einem höheren, imaginativen und einem gewöhnlichen, rationalen Denkakt durchaus bekannt. Am deutlichsten wird sie wohl im Höhlengleichnis und im Liniengleichnis in Platos *Staat*[48] sowie im philosophischen Exkurs seines siebten Briefes.[49] Das imaginative Denken galt Platon als Urbild des Diskursiven. Indem die Erfahrungsgrundlage für dieses erlebende Denken mehr und mehr verblaßte, geriet es in der Geistesgeschichte zwar nie ganz in Vergessenheit, spielte aber in den wissenschaftlichen Disziplinen keine besondere Rolle mehr.

2. Wenn festgestellt wird, daß Unrichtigkeiten beim Herzdenken regelrecht Schmerz bereiten und daß das mit dem Herzen Aufgenommene nicht verloren geht, dann hat dieses Denken einen weitaus existenzielleren Charakter als das logische Denken, das sich von seinen Gegenständen distanziert und gerade durch diese Distanzierung seine Freiheit realisiert. Das Herzdenken hingegen bezieht in das Denken wieder einenn Gefühlsanteil ein, von dem es sich vor langer Zeit getrennt hat. Das Denken gewinnt eine inspirative Kraft zurück.

3. Im Herzdenken wird nicht ein Partikularinteresse in den Gesamtzusammenhang hineingetragen, sondern umgekehrt aus einem Gesamtzusammenhang heraus gedacht. Daher *kann* es nicht egoistisch sein. Denn Egoismus bedeutet, das Ganze aus dem Auge verloren zu haben zugunsten der eigenen Position. Diese Eigenschaft des Herzdenkens korrespondiert mit der Fähigkeit, sich selbst als geistiges Wesen zu verstehen. Ich

verstehe mich von meinem Ursprung, und das heißt von einem Ganzen her. Wem da die Eigeninteressen in den Vordergrund geraten, der hat einen Denkfehler gemacht. Möglicherweise ist dies der Erlebnishintergrund für die These des Sokrates, daß schlecht handeln nur auf mangelnder Erkenntnis beruhen kann – eine These, die Nietzsche wohl zu Unrecht als intellektualistisch verwarf. Im Zusammenhang mit dem Herzdenken macht sie jedenfalls einen guten Sinn.*

Es macht eine Stärke des Kopfdenkens aus, daß Erkenntnis und Moral trennbar sind. Denn erst dadurch ist die Freiheit gegeben, über Handlungsimpulse getrennt von der gegebenen Wirklichkeit der Welt nachzudenken. Und doch hat sich diese Errungenschaft inzwischen auch von ihrer problematischen Seite gezeigt: man «kann» viel mehr, als man «darf». Die Folgen des Erkennens sind dem bewußten Handeln davongelaufen. Darin besteht eines der großen Dilemmata der Gegenwart. Mit dem auf moralischer Intuition beruhenden ethischen Individualismus hat Rudolf Steiner dieses Problem aufgegriffen.[50]

Es ist wohl deutlich geworden, trotz der Knappheit der Umrisse, daß mit den vier genannten Eigenschaften des michaelischen Denkens ebenso aktuelle wie grundlegende Wendemarken bezeichnet sind. Diese Wendemarken stehen ganz offensichtlich in einem Zusammenhang. Wer geistige Wirklichkeit anerkennen und realisieren will, der kann das auf die beschriebene vierfache Weise tun. Da gibt es die Polarität zwischen dem geistigen Ursprung des Menschen und der Entfaltung innerer Freiheitskraft, die Zukunftsentwicklung ermöglicht. Und zum anderen wird das Geistige auf all seinen Wirklichkeitsebenen einbezogen, von der Hinwendung zum Wesenhaften in der spirituellen Intelli-

---

* – Hier wird das Denken mit dem Willen vereinigt. Erkennen und Handeln sind nicht länger voneinander getrennt; die Distanz ist aufgehoben. Das ist der intuitive Aspekt des Herzdenkens.

genz bis hin zum Auffinden der Wirkungen des Geistes im Materiellen (Liebe). Diese vier Eigenschaften des Herzdenkens, so umstürzend sie im einzelnen sind, sind doch Glieder einer Ganzheit, die es auf diesen Wegen zu erreichen gilt.

Der Übersicht halber in Kürze:

Spirituelle Intelligenz

Hinwendung zum
Geistig-Wesenhaften

Der Mensch – ein geistiges Wesen	*Hinwendung zum Ursprung des Menschen*	*Hinwendung zur Zukunft*	Freiheit: Selbstverantwortung und Selbstentwicklung

Hinwendung zum
Materiellen

Liebe:
den Geist in der
Materie erkennen

Damit fügen sich die Charakteristika des Herzdenkens in die Eigenschaften des michaelischen Denkens ein. Beide sind wie zwei Seiten derselben Sache. In der Spiritualisierung des Intellekts, der hier als Herzdenken beschrieben wurde, werden die anderen drei Eigenschaften des michaelischen Denkens noch einmal aufgenommen. Bevor nun diese Zusammenhänge weiter untersucht werden, sei zunächst die Frage aufgeworfen, *wie* denn das Herzdenken entwickelt werden kann.

Es gibt dazu spezifische Übungen, die die Darstellung der anthroposophischen Schulungswege durchziehen und in dem Buch *Wie erlangt man Erkenntnisse der höheren Welten?* unmittelbar mit dem neu auszubildenden Herzorgan in Zusammenhang gebracht werden.

DIE VIER EIGENSCHAFTEN

Insbesondere vier Eigenschaften sind es, die sich der Mensch erwerben muß, wenn er zu höherer Erkenntnis aufsteigen will. «Es ist die *erste* davon die Fähigkeit, in den Gedanken das Wahre von der Erscheinung zu scheiden, die Wahrheit von der bloßen Meinung. Die *zweite* Eigenschaft ist die richtige Schätzung des Wahren und Wirklichen gegenüber der Erscheinung. Die *dritte* Fähigkeit besteht in der – schon im vorigen Kapitel erwähnten – Ausübung der sechs Eigenschaften: Gedankenkontrolle, Kontrolle der Handlungen, Beharrlichkeit, Duldsamkeit, Glaube und Gleichmut. Die *vierte* ist die Liebe zur inneren Freiheit.»[51] Diese vier Eigenschaften sollen zu inneren Gewohnheiten werden. Die dritte der genannten Eigenschaften dient insbesondere der Ausbildung des Erkenntnisorgans in der Nähe des Herzens, die vierte bringt dieses Organ zur Reifung.

Unschwer sind in diesen vier Eigenschaften die oben entwikkelten Wesenszüge des michaelischen Denkens wiederzufinden:

1. Die geistige Wesenheit des Menschen entspricht der ersten Eigenschaft, der Unterscheidung des Wahren von der Erscheinung.

2. Die Liebe zeigt Verwandtschaft mit der zweiten Eigenschaft, der richtigen Schätzung des Wahren und Wirklichen gegenüber bloßen Erscheinungsformen. «Bringt es der Mensch zu solcher Schätzung, dann werden ihm allmählich die geistigen Tatsachen wahrnehmbar. Er soll aber nicht glauben, daß er bloß Handlungen zu vollziehen hat, welche vor einer verstan-

desmäßigen Schätzung als bedeutungsvoll erscheinen. Die geringste Handlung, jeder kleine Handgriff hat etwas Bedeutungsvolles im großen Haushalte des Weltganzen, und es kommt nur darauf an, ein *Bewußtsein* von dieser Bedeutung zu haben. Nicht auf *Unter*schätzung, sondern auf *richtige* Einschätzung der alltäglichen Verrichtungen des Lebens kommt es an.»[52]

3. Die Spiritualisierung der Intelligenz korrespondiert mit der Ausbildung des Herzorgans (s.u.).

4. Die Freiheit spiegelt sich in der vierten Eigenschaft, dem Verlangen nach Befreiung. «Wird diese Eigenschaft zur Seelengewohnheit, dann *befreit* sich der Mensch von allem, was *nur* mit den Fähigkeiten seiner persönlichen Natur zusammenhängt. Er hört auf, die Dinge von *seinem* Sonderstandpunkt aus zu betrachten. Die Grenzen seines engen Selbstes, die ihn an diesen Standpunkt fesseln, verschwinden. Die Geheimnisse der geistigen Welt erhalten Zugang zu seinem Inneren. Dies ist die Befreiung.»[53]

Spirituelle Intelligenz

Die sechs Nebenübungen

Der Mensch – ein geistiges Wesen	*Unterscheidung des Wahren von der Erscheinung*	*Wille zur Freiheit*	**Freiheit: Selbstverantwortung und Selbstentwicklung**

Richtige Schätzung des Wahren und Wirklichen gegenüber der Erscheinung

Liebe: den Geist in der Materie erkennen

34

DIE EINZELNEN NEBEN-ÜBUNGEN

Im Hinblick auf die Ausbildung des Herzdenkens ist die dritte der genannten Eigenschaften von besonderer Bedeutung. Sie besteht aus sechs Übungen. Diese werden von Rudolf Steiner sowohl in schriftlicher Form[54] als auch in öffentlichen Vorträgen[55], in Vorträgen für Mitglieder[56] und in esoterischen Stunden[57] beschrieben. Ihnen wird eine große Bedeutung zugemessen. Innerhalb der schriftlichen Darstellungen werden sie nur in *Wie erlangt man Erkenntnisse der höheren Welten?* ausdrücklich in Zusammenhang mit der Ausbildung einer Lotosblume (der zwölfblättrigen in der Herzgegend) und mit der Ausbildung des neuen Herzorgans gebracht. In Zusammenhängen der esoterischen Schule werden sie als «Nebenübungen» bezeichnet, d.h. als solche, die neben allen anderen Übungen immer auszuführen sind. Innerhalb der verschiedenen Darstellungen werden die Gewichte und Aspekte dieser Übungen verschieden gesetzt. Das wurde an anderer Stelle ausführlich dargestellt.[58] Da die Ergebnisse im folgenden eine Rolle spielen, seien sie hier kurz referiert:

Theosophie (im folgenden: A) betont:
  Orientierung an der Wirklichkeit.

Wie erlangt man Erkenntnisse der höheren Welten? (B) betont:
  Orientierung am inneren Zusammenhang.

Die Stufen der höheren Erkenntnis (C) betont:
  Die Kraft des Ich. Beherrschung – Freiheit.

Anweisungen für eine esoterische Schulung (D) betont:
Die Initiativkraft zur bleibenden Fähigkeit machen.

Die Geheimwissenschaft im Umriß (E)
Aus innerer Kraft nach außen wirken.

Erst diese fünf Aspekte zusammengenommen machen jeweils das Ganze einer Übung aus.

GEDANKENKONTROLLE

Zunächst geht es darum, den Wirklichkeitsbezug des Denkens nie zu verlieren. Das geschieht dadurch, daß man den Denkgesetzen streng folgt (A), das Denken in innerer Konsequenz übt (B) und dadurch, daß die Gedanken willentlich beherrscht werden. Es gilt, Herr im Hause des eigenen Denkens zu sein (C). Im esoterischen Zusammenhang wird das so gehandhabte Denken zur bleibenden Fähigkeit verdichtet (D). Und schließlich erwirbt man die innere Kraft, seinem Denken selber die Ziele zu setzen (E). All diese Aspekte fließen in eine einfache, aber nicht ganz leicht zu realisierende Übung ein (D, E). Sie soll nicht «an fernliegenden und komplizierten Gegenständen vorgenommen werden, sondern an einfachen und naheliegenden. Wer sich überwindet, durch Monate hindurch täglich wenigstens fünf Minuten seine Gedanken an einen alltäglichen Gegenstand (z.B. eine Stecknadel, einen Bleistift usw.) zu wenden und während dieser Zeit alle Gedanken auszuschließen, welche nicht mit diesem Gegenstande zusammenhängen, der hat nach dieser Richtung hin viel getan. (Man kann täglich einen neuen Gegenstand bedenken oder mehrere Tage einen festhalten.)»[59]
Die Nebenübungen haben außer ihrer esoterischen Bedeutung – der Hinwendung zu einer höheren Wirklichkeit – einen unmittelbaren Wert für das Alltagsleben. Sachlichkeit im Gespräch

– statt Emotionalität verhindert z.B. die Eskalation von Konflikten. Auch die Unterscheidung zwischen Tatsachen, Meinungen und Wünschen ist lebensrelevant. Bin ich mir klar darüber, ob ich eine Tatsache beschreibe oder scheinbar ganz «objektiv» nur einen Wunsch rationalisiere? Gleiches gilt für die innere Konsequenz des Denkens. Wie oft ist sozialer Druck in der Lage, das eigene Urteil zu verbiegen! Auch die Fähigkeit, Folgen des eigenen Denkens und Handelns zu durchschauen, ist von sozialer Bedeutung. Viel gewinne ich schließlich, wenn es mir gelingt, Herr im Hause meines Denkens zu sein; sonst prägen die herrschenden Vorstellungen meine Gedanken. Angesichts der allgegenwärtigen Bewußtseinsindustrie ist es schon eine Leistung, überhaupt selbst zu bestimmen, *ob* ich eine bestimmte, mir nahegelegte Sache denken will oder nicht. Noch viel schwieriger ist es, die Ziele meines Denkens selbst zu setzen.

Die Übung der Gedankenkontrolle erzieht in ihren verschiedenen Aspekten dazu, daß mein Denken sachgemäß, folgerichtig, willentlich, bewußt und autonom wird.

KONTROLLE DER HANDLUNGEN

Die nächste der Übungen betrifft den Willen. Bin ich in meinem Handeln getrieben oder gestalte ich? Hier gibt es heute zwei stereotype Erscheinungen. Zum einen ist es üblich geworden, sich in seinem Handeln vor der Wirklichkeit zurückzuziehen und stattdessen einer subjektorientierten Selbstverwirklichung nachzugehen: Ich nehme alles ernst, was mit mir und meinen Seelenregungen zu tun hat, und kümmere mich möglichst nicht weiter um die Welt. Man spricht in dieser Hinsicht heute schon von einem sozialen «Autismus». – Auf der anderen Seite ist es üblich, an der Stelle von Freiheit und Initiative fremdgelenkten

Handlungsmustern zu folgen: Rollenverhalten, Gruppenzugehörigkeit oder einfach Opportunismus.

Gerät mein Handeln in die Richtung von Selbstverwirklichung, so verliere ich die «Welt» und gerate in eine Isolation. Unterwirft es sich vorgegebenen Handlungsmustern, so geht mein Selbst im Handeln verloren. Willenslähmung und Brutalität sind dann zwei extreme Deformationen des Willens.

Bei der «Kontrolle der Handlungen» geht es darum, im Handeln «den Gesetzen des Wahren und Schönen zu folgen» (A), innere Konsequenz zu suchen durch die Orientierung am Denken und Wollen selbst (B), aus Initiative zu handeln und dadurch Freiheit zu verwirklichen (C), sich Initiativhandlungen zur Pflicht und zur Gewohnheit zu machen (D) und «den eigenen Befehlen streng zu gehorchen» (E).

Für diese Handlungskontrolle gibt es ebenfalls eine konkrete Übungsanweisung: «Eine gute Übung ist es, durch Monate hindurch sich zu einer bestimmten Tageszeit den Befehl zu geben: Heute ‚um diese bestimmte Zeit' wirst du ‹dieses› ausführen. Man gelangt dann allmählich dazu, sich die Zeit der Ausführung und die Art des auszuführenden Dinges so zu befehlen, daß die Ausführung ganz genau möglich ist. So erhebt man sich über das verderbliche: ‹Ich möchte dies; ich will jenes›, wobei man gar nicht an die Ausführbarkeit denkt.»[60]

GELASSENHEIT

Nach der Kontrolle des Denkens und Handelns gilt es nun, das Gefühlsleben zu beherrschen. Auch hier können zwei Extreme beobachtet werden. Zum einen ist man leicht versucht, in seinem Gefühl zu versinken, sich seinen Emotionen auszuliefern – etwa bei einer Fußball-Weltmeisterschaft oder anderen Medien-Ereignissen größeren Kalibers – oder das ganze Leben unter dem

Aspekt der unverbindlichen Unterhaltsamkeit zu sehen (Postman).[61] Manipulation des Gefühlslebens wird heute in großem Umfang professionell betrieben, ob beim Medienkonsum, beim Einkaufserlebnis oder in der Freizeit. Auf der anderen Seite gilt es häufig als Tugend, die eigenen Gefühle zu unterdrücken, «cool» zu bleiben.

Gegenüber diesen Extremen geht es darum, ein Gleichmaß der Stimmung zu erreichen zwischen «himmelhochjauchzend» und «zu Tode betrübt» (B). Keineswegs aber geht es darum, etwa die Gefühle zurückzudrängen. Sie sind vielmehr so zu kultivieren, daß sie zum Durchgangsorgan für die Eigenschaften der Dinge werden (A). Ungeläutert sagen die Gefühle nur etwas über mich aus, aber nicht über dasjenige, wodurch sie in mir anregt werden. Sie sollen aber zu einem Erkenntnisorgan für die Dinge werden. Dazu gehört natürlich, sie zu beherrschen (C), d.h. einseitige Vorlieben ebenso zu vermeiden wie flüchtiges Interesse an vielem und sich weder in seinen Gefühlen bestimmen zu lassen noch sich der Gefühle anderer zu bedienen – angesichts der erwähnten Zivilisationserscheinungen eine ebenso wichtige wie schwer zu erlangende Fähigkeit (D). Schließlich kann man immer empfänglicher werden für die Gefühlseigenschaften der Dinge, ohne sich an sie zu verlieren (E). «Empfänglicher» kann z.B. heißen: Mein Gefühl schwingt auch dann mit, wenn ich von der Sache gar nicht persönlich betroffen bin. Nicht zuletzt dadurch wird es Erkenntnisorgan.

POSITIVITÄT

Diese Übung wird als besonders wichtig bezeichnet. Sie ergreift das Gefühl im Zusammenhang mit dem Denken.[62] Im Alltag sind wir oft geneigt, je nach Veranlagung, überwiegend das Schlechte zu sehen oder umgekehrt auf irgend etwas mehr oder weniger Belangloses unkritisch begeistert «abzufahren».

Die Beschreibung dieser Übung ist bei Rudolf Steiner meistens mit der Erzählung einer alten persischen Legende verbunden: «Es gibt eine schöne Legende, die besagt von dem Christus Jesus, daß er mit einigen anderen Personen an einem toten Hund vorübergeht. Die anderen wenden sich ab von dem häßlichen Anblick. Der Christus Jesus spricht bewundernd von den schönen Zähnen des Tieres. Man kann sich darin üben, gegen die Mode der Welt eine solche Seelenverfassung zu erhalten, wie sie im Sinne dieser Legende ist. Das Irrtümliche, Schlechte, Häßliche soll die Seele nicht abhalten, das Wahre, Gute und Schöne überall zu finden, wo es vorhanden ist. Nicht verwechseln soll man diese Positivität mit Kritiklosigkeit, mit dem willkürlichen Verschließen der Augen gegenüber dem Schlechten, Falschen und Minderwertigen. Wer die ‹schönen Zähne› eines toten Tieres bewundert, der sieht *auch* den verwesenden Leichnam. Aber dieser Leichnam hält ihn nicht davon ab, die schönen Zähne zu sehen. Man kann das Schlechte nicht gut, den Irrtum nicht wahr finden; aber man kann es dahin bringen, daß man durch das Schlechte nicht abgehalten werde, das Gute, durch den Irrtum nicht, das Wahre zu sehen.»[63]

Betrachtet man diese Legende, so bemerkt man, deutlicher als bei den bisher beschriebenen Übungen, eine vierfache Stufung. Die erste Leistung besteht darin, die Augen offen zu halten und «alles» sehen zu wollen. Man läßt beim Aufnehmen nicht einfach weg, was einem nicht gefällt (A). Eine zweite Leistung besteht darin, das Negative, Häßliche usw. auszuhalten (B). Sonst würde es auch nicht gelingen, das Positive darin zu finden. Eben darin besteht die dritte Leistung: das Positive im Negativen zu erkennen (C). Das heißt ja keineswegs, das Häßliche schön zu finden. Es heißt aber, sich einer Sache so intensiv zu widmen, daß man neben allem Häßlichen auch die positive Seite, die wohl fast jeder Sache innewohnt, bemerkt. Man findet somit Neues im Bekannten. Das versetzt in die Lage, Unvollkommenes zu verbessern, der Sache insgesamt eine Wendung zum Guten zu geben und die Angelegenheit vorwärts zu bringen. – Auf einer vierten Stufe der Positivität wird deutlich: wer das leistet, lebt nicht als derselbe weiter, als der er gekommen ist. Man versetzt sich in die Lage des anderen, statt die andere Meinung vom eigenen Standpunkt aus zu betrachten. Man sucht die Balance zwischen dem Positiven und dem Negativen, ohne doch beides zu verwechseln. Das aber heißt, sich selbst weiterzuentwickeln (D, E).

Es geht also darum, von der bloßen Weltwahrnehmung (Stufe 1) zur Ichtätigkeit (Stufe 2) vorzuschreiten, dann einen Umschlag von der Subjektorientierung (Stufe 2) zur Weltorientierung (Stufe 3) vorzunehmen und schließlich vom Erkennen (Stufe 3) zum Gestalten (Stufe 4) zu kommen. – In den Ausdrücken alter Mysterientradition geht es um die vier Schritte:

1. Aufnahme (sich öffnen) – Wahrnehmung
↓

2. Opferung (ich bleibe nicht – Ich-Tätigkeit
unberührt und mute mir Subjektorientierung
einiges zu)
↓

3. Wandlung (das vorher nicht – Weltorientierung
Sichtbare zeigt sich jetzt) Erkennen
↓

4. Vereinigung des eigenen – Gestalten
Wesens mit dem sichtbar
Gewordenen

Die Übung der Positivität liegt all demjenigen zugrunde, was man «dialogische Kultur» nennen kann. Während man in der Gesprächsform der Diskussion in der Regel so vorgeht, daß man das Falsche zurückweist, kann man statt dessen auch das Fruchtbare aufgreifen; statt das Schlechte zu kritisieren, kann man das Weiterführende suchen; statt im Reden in Widerstreit zu geraten, kann ein gemeinsamer Blick gepflegt werden. Dadurch wird die gemeinsame Erkenntnis ebenso gefördert wie die soziale Atmosphäre.[64] So wird die Positivität zu einer zentralen Eigenschaft, die geeignet ist, das eigene Erkennen, die eigene Handlungsmöglichkeit und das soziale Leben ein großes Stück weiter zu bringen.

UNBEFANGENHEIT

In der Unbefangenheit wird der Wille im Zusammenhang mit dem Denken geübt.[65] Ungeschult neigen wir auch hier zu Extremen. Auf der einen Seite ist es die «Befangenheit» in allem, was mitgebracht wird: Dogmatismus, Meinungsgefängnis, Unbelehrbarkeit von der Wirklichkeit und mentale Raster (Denkweisen, Ideologien usw.). Auf der anderen Seite gibt es die Neigung, kritiklos hinter allem Neuen herzulaufen (Mode, Trends usw.), urteilslos zu agieren und Nichtdenken mit Freiheit zu verwechseln. – Traditionsgefängnis und Naivität scheinen die Pole des gewöhnlichen Lebens in dieser Hinsicht zu sein. Inzwischen gibt es auch ein bewährtes Verhalten, das beide Extreme mischt, ohne sie aufzuheben: den Relativismus. Er löst die festen Vorstellungen nicht auf, rechnet vielmehr mit ihnen als notwendigen Bewußtseinsinhalten. Andererseits rechnet er unkritisch damit, daß «alles auch ganz anders sein kann». Zu Ende gedacht ist Relativismus die Gedankenform eines seelischen Vakuums, in dem jede Orientierung verlorengeht. – Die Übung der «Unbefangenheit» geht mit den Befangenheiten und Naivitäten anders um. Sie bringt die beiden genannten Pole zusammen im Sinne einer Steigerung. Versteht man Unbefangenheit als die Haltung, Unerwartetes erfahren zu wollen, so liegt darin eigentlich ein Paradoxon: Wie kann man Unerwartetes erwarten? Dennoch würde es keine Zukunftsentwickelung geben, wenn nicht die Fähigkeit der Unbefangenheit Platz greifen könnte. Es geht darum, sich schrittweise in sie hineinzuleben.

Ein erster Schritt: Es gilt, mit dem Unwahrscheinlichen zu rechnen. Man bestimmt das zunächst nicht näher, sondern macht sich zu einem «leeren Gefäß» (A). Zum zweiten gilt es, bei allem, was auftritt, die eigenen Urteile so lange zurückzuhalten, bis die Dinge selbst sprechen. Die eigenen Maßstäbe und Vorurteile bringt man zum Schweigen. Statt dessen entwickelt man Vertrauen zu dem, was kommt (B). – Auf einer dritten Stufe geht es darum, nicht nur mit sich selbst in der richtigen Weise umzugehen, sondern Neues kennenlernen zu wollen. Was erfahre ich denn, wenn ich meinen Standpunkt beweglich halte? Dazu gibt es das Bild des «Ausgucks», den man ersteigt, um den Blick frei zu haben auf das noch nicht Sichtbare (C). Und schließlich geht es darum, eine Balance zwischen Erfahrung und Offenheit zu entwickeln, und das heißt zugleich zwischen Vergangenheit und Zukunft (E): eine innere Empfänglichkeit für das Unerwartete.

Auch hier sind wieder die oben erwähnten Stufen aus der Mysterientradition zu erkennen: Aufnahme, Opferung, Wandlung und Vereinigung. Statt Neues und Altes, Erfahrung und Erlebnis gegeneinander auszuspielen, geht es bei dieser Übung darum, beides nebeneinander gelten zu lassen und in das rechte Verhältnis zu bringen. Das aber kann nur durch die Kraft des Ich geleistet werden. Je größer diese Kraft ist, um so umfassender kann ich die Welt wahrnehmen.

HARMONIE

Als sechste Übung ist ein Gleichgewicht der entwickelten Fähigkeiten des Denkens, Fühlens und Wollens herzustellen, eine Harmonie des Seelenlebens. Genauer gesagt: Diese Harmonie stellt sich selbst ein, wenn man die fünf anderen Übungen durchführt und z.B. je zwei oder drei Übungen zusammenstellt. Sie entwickeln sich dann zu «Seelenorganen» (A), sie wappnen den Men-

schen durch Gleichmut gegen Unglück und Glück (B), er be-
kommt einen geistigen Schwerpunkt, der ihm Festigkeit und Sicherheit gibt (C), es entsteht eine versöhnliche Stimmung durch
das Verschwinden der Unzufriedenheiten (D) und ein «harmoni-
sches Zusammenstimmen» der seelischen Eigenschaften (E).

Mancherorts steigt die göttliche Herrlichkeit her-
nieder, damit die enschliche Intelligentia aufsteige.
Alanus ab Insulis[65a]

NEBENÜBUNGEN UND HERZDENKEN

Wie kann der Zusammenhang zwischen den Nebenübungen und dem Herzdenken noch genauer verstanden werden?

Einen Schlüssel dazu liefert der bereits erwähnte Vortrag Rudolf Steiners vom 29. März 1910 in Wien.[66] Charakteristisch für das Herzdenken ist, daß es nicht diskursiv verläuft: «Dieses Unmittelbare, das ist das Charakteristische des Herzdenkens.» Am Ende der Darstellung wird dieser Gedanke wieder aufgegriffen: Das durch richtige Vorbereitung erworbene Denken des Herzens führt dazu, daß der Mensch durch das unmittelbare Gefühl zu Urteilen kommen kann. Worin diese richtige Vorbereitung besteht, ist Gegenstand des Vortrags. Es lassen sich mehrere Schritte unterscheiden. Als erstes geht es darum, ein Denken in Sinnbildern zu pflegen und zu vertiefen, während das Kopfdenken in einem logisch-kausalen Diskurs verbleibt. Zweitens: Was man beim Kopfdenken als «Widersprüche» zu erkennen glaubt, ergibt sich dem Herzdenken als verschiedene Aspekte einer und derselben Sache. Die eigenen Meinungen und Standpunkte sind dabei nicht ausschlaggebend. Diese zweite Ebene ist, im Sinne des oben Ausgeführten, als «Opferung» des Eigenen, Mitgebrachten zu erkennen. – Im Fortschreiten kehrt sich der Gesichtspunkt um. Es geht nicht mehr um «mich» und mein Befinden, sondern um das, was sich zu offenbaren beginnt. Ein Erstes ist, daß ich meinem Ich wie von außen gegenübertreten kann. «Das frühere Ich muß ganz im richtigen Sinne ein Du werden.» Wenn das zum Erlebnis geworden ist, «dann erwirbt man sich das Recht, mit dem Herzen denken zu dürfen. Die wahren Darstellungen von den höheren Welten gehen aus solchem Herzdenken hervor. Auch wenn es äußerlich oft so aussieht, als ob sie logische Erörterungen wären: nichts ist in den Darstellungen, die wirklich aus den höheren Welten heruntergetragen werden, darin, was nicht mit dem Herzen gedacht wäre.» – Und schließlich kann eine weitere Ebene beschrieben werden, die der Wesensbegegnung. Alles Erlebte ist «Ausdruck eines geistig-seelischen Wesens». Daher «ist alles Forschen in der geistigen Welt zu gleicher Zeit mit der Hingabe der eigenen Persönlichkeit verknüpft, in einem viel höheren Grad, als das bei den äußeren Erlebnissen der Fall ist.»

Für die Ebene der Wesensbegegnung werden Bedingungen angedeutet, die bei näherem Hinsehen den Charakter der Nebenübungen tragen. Wenn das Denken des Herzens ausgebildet ist, «weiß der Mensch, der in die imaginative Welt kommt: Das, was du vor dir hast und was aussieht wie eine Vision, ist keine Vision, sondern ist Ausdruck eines Geistig-Seelischen, das dahintersteht, ebenso wie die rote Farbe der Rose hier der äußere Ausdruck ist für die materielle Rose.» Hier geht es also um das richtige Einleben in eine geistige Umwelt: die Leistung der Gedankenkontrolle. – Die «Hingabe der eigenen Persönlichkeit» und die Verbindung mit den Wesenheiten selber erinnert an die innere Festigkeit bei der Öffnung gegenüber der Welt: Unbefangenheit. – Gegenüber dem Irrtum und dem Häßlichen geht es in der imaginativen Welt nicht nur darum, sie anzuschauen, sondern sie mit Schmerz innerlich mitzuerleben, «ohne davon gefangengenommen zu werden oder sich zu verlieren». Diese Haltung wird in der Positivität geübt. – Das Herzdenken ist dann erreicht, wenn der Mensch «durch das unmittelbare Gefühl unterscheiden kann», d.h. wenn das Gefühl zum Erkenntnisorgan geworden ist: ein Ergebnis der Gelassenheit. – Diese vier Eigenschaften stehen am Ende des Vortrages in unmittelbarem Zusammenhang. Wie aber ist es mit der Kontrolle der Handlungen? Worin besteht eigentlich das Handeln des Geistesforschers? Es besteht darin, das Erforschte so auszusprechen, daß andere Menschen es verstehen können. Das ist nun der nächste Gesichtspunkt des Vortrags. «So muß der Geistesforscher, wenn er das mit dem Herzen Erlebte mitteilen will, es kleiden in die Sprache des logischen Denkens.» Insofern ist hier auch die Eigenkontrolle des Handelns angesprochen, und zwar viel ausführlicher als die anderen vier Eigenschaften. Diesem Gesichtspunkt wird besonderer Wert beigemessen: «Aus dieser Forschung des Herzens heraus kann nur das der Menschheit mitgeteilt werden, was in klar formulierte logische Gedanken umgegossen werden kann. Was nicht in logische Gedanken umgegossen werden kann, das ist nicht reif, der Menschheit mitgeteilt zu werden. Das ist der Probierstein, daß es in klare Worte, in klar formulierbare Gedanken umgegossen werden kann, die scharfe Konturen haben. So müssen wir uns gewöhnen, auch wenn wir die tiefsten Wahrheiten des Herzens hören, sie in Gedankenformen zu vernehmen und hinter diesen Formen auf den Inhalt zu schauen.» – Hier erweist sich noch einmal der Eigenwert des Kopfdenkens, das neben dem Herzdenken bestehen bleibt, ja sogar eine neue Aufgabe erhält. Wer die Nüchternheit logischer Darlegungen aus eigener Kraft überwindet, hat schon einen entscheidenden Schritt zur Ausbildung des Herzdenkens getan.

Damit wurde auf eine innere Verbindung zwischen dem Herzdenken und den Nebenübungen hingewiesen. Die Errungenschaften der sechsten Übung (Harmonie, s.o.) beschreiben offensichtlich zugleich die Eigenschaften des Herzdenkens: die Ausbildung von Seelenorganen, Gleichmut, innere Festigkeit und versöhnliche Stimmung.

Es überrascht nicht, eine solche Übereinstimmung auch mit den Eigenschaften des michaelischen Denkens festzustellen: Die einzelnen Übungen erscheinen wie Eingangstore zu diesen. Durch die Gedankenkontrolle fügt sich der Mensch selbst in die Gesetzmäßigkeiten der geistigen Welt ein. Durch die Kontrolle der Handlungen macht er sich zum Herrscher über seinen Willen, er verwirklicht Freiheit. Durch Unbefangenheit stellt er die Bedingungen her, geistige Wirklichkeit in sein zuvor irdisch befangenes Denken aufzunehmen. Positivität entwickelt die Kraft, im Materiellen das Geistige zu erkennen. Gelassenheit schließlich ist wie eine Art Zentrum der ganzen Bemühungen. Sie betrifft den Umgang des Menschen mit seinem Gefühlsleben und kommt dem Herzcharakter des zu erübenden Denkens am nächsten.

Spirituelle Intelligenz

Unbefangenheit

| **Der Mensch – ein geistiges Wesen** | *Gedanken-kontrolle* | *Gelassen-heit* | *Kontrolle der Handlungen* | **Freiheit: Selbstver-antwortung und Selbst-entwicklung** |

Positivität

**Liebe:
den Geist in der
Materie erkennen**

Betrachtet man auf diese Weise das michaelische Denken, das Herzdenken und die Nebenübungen, so entsteht ein selbsttragender Zusammenhang, der über dasjenige hinausgeht, was sich bei Rudolf Steiner ausdrücklich beschrieben findet. Er wird evident beim Sich-Hineinleben in die Eigenschaften und Übungen.

KENNZEICHEN DES
MICHAEL-ZEITALTERS

Folgt man der Anregung Rudolf Steiners, dem «michaelischen» Charakter unserer Zeit nachzuspüren, so empfindet man einige Schwierigkeiten. Denn kein Zeitalter zuvor hat wohl so unspirituelle, ja dem «Bösen» verhaftete Züge gezeigt wie das zwanzigste Jahrhundert. Unter dem Eindruck, der «Drache» habe gesiegt, mag gelegentlich die Neigung entstehen, das michaelisch Wirksame auf kleine Kreise zu beschränken und alles andere als «böse Außenwelt» zu betrachten. Nichts aber wäre unangemessener als eine solche Ansicht. Denn es liegt ihr eine falsche Erwartung an das «michaelische» Zeitalter zugrunde. Folgt man dem von Rudolf Steiner weitergeführten Bild vom Drachenkampf, so bedeutet der Sieg Michaels, daß sich die Drachenkräfte nicht mehr in übersinnlichen Welten, sondern auf der Erde unter den Menschen aufhalten. Davon, daß sie da ruhiggestellt wären, ist nirgends die Rede. Ein erstes Merkmal des michaelischen Zeitalters ist es daher, daß der «Drache» mit seinen Scharen sich kräftig bemerkbar macht. Der «Drache» ist überall – wir brauchen nur hinzuschauen. Wo aber ist «Michael»? Er ist nicht in gleicher Weise da draußen wahrzunehmen. Er ist erst da, wenn Menschen seine Kraft in sich erwecken. «Michaelisches Denken» und «Herzdenken» sind die Hieroglyphen dieser Erweckung.

Daher ist es ein zweites Merkmal des michaelischen Zeitalters, daß nichts geschieht im Hinblick auf die Bekämpfung des Drachens, das nicht vom Menschen selbst ausgeht. Die Menschen müssen die Lanze selbst führen – oder sie rostet irgendwo in einer Rüstkammer. Michael gibt ihnen, wenn sie wollen, Hilfen.

Aber er kämpft nicht mehr *für* sie, an ihrer Stelle. So ist die Frage, wo denn das Michaelische heute wirksam sei, von vornherein viel schwerer zu beantworten, als dies in früheren Zeiten der Fall gewesen sein mag. Man muß auf die Menschen selbst, ihre Intentionen, Gedanken- und Willenskräfte schauen. Und was sich da im zwanzigsten Jahrhundert gezeigt hat, ist in dieser Hinsicht außerordentlich aufschlußreich. Das kann hier nur angedeutet werden.

Es sind nicht nur die großen Katastrophen des Jahrhunderts, die eine deutliche Sprache sprechen, wie z.B. Nationalsozialismus, Stalinismus, die Umweltzerstörung, der Nord-Süd-Konflikt usw. Es ist fruchtbar, auch auf verborgene Strukturen unseres gesellschaftlichen Lebens zu achten. Einige davon kamen oben bereits zur Sprache und wurden dem Charakter des michaelischen Denkens gegenübergestellt: die körperorientierte Psychologie, die deterministischen Menschenbilder, das Ausgeliefertsein an die materielle Welt und das distanzierende, leer gewordene Denken.

Dem können viele weitere Beobachtungen hinzugefügt werden. Nur ein Beispiel: Vor einigen Jahren hat der Konstanzer Philosoph Jürgen Mittelstraß unter dem Stichwort «Leonardo-Welt» auf einige dieser Züge unserer Gesellschaft aufmerksam gemacht.[67] Mit «Leonardo-Welt» meint Mittelstraß eine Welt, in der sich der Mensch als «Macher» bewegt; «die entdeckte und die gedeutete Welt als das eigentliche Werk des Menschen». Dazu gehört beispielsweise die «Informationswelt». Diese «verspricht heute ein paradiesisches Reich des Wissens ohne mühsame Lernprozesse», sie hält mehr Antworten bereit, als Fragen verfügbar sind. Wissensbildung tritt an die Stelle von Wissensverarbeitung, immer im Vertrauen darauf, daß die Information stimmt. Der für die eigene Orientierung wichtige Unterschied zwischen Meinung und Urteil wird nivelliert. «Meinung artikuliert sich in Informationsformen wie Wissen.» So erzeugt die Informationswelt eine Unselbständigkeit im Erkennen, ja geradezu «eine neue

Dummheit», «eine Dummheit auf hohem Niveau». Und dies, obwohl doch alles unter den Fahnen von Aufklärung und «mündigem Bürger» geschieht. – Die Welt der *Medien* setzt sich an die Stelle eigener unmittelbarer Welterfahrung, und den Konsumenten werden auch die Deutungen gleich mitgeliefert. – Die *Expertenwelt* wirkt einem Bestreben nach Universalität (Ganzheitlichkeit) entgegen. Das Detail steht im Vordergrund und verurteilt den Nicht-Experten zu Inkompetenz und Unselbständigkeit – Gegenbilder der inneren Freiheit. – Man möchte ein viertes Merkmal hinzufügen: Dadurch, daß alles mehr und mehr in *Systemen* kanalisiert wird – ob Natur, Zivilisation oder soziales Miteinander –, wird die individuelle Initiative erschwert und damit der Zugriff des Geistes auf die materielle Welt.

Es lohnt sich, auf diese und ähnliche Beschreibungen aufmerksam zu werden. Sie erleichtern die Orientierung und regen zu eigenem Weiterdenken an.

Spirituelle Intelligenz

⇕

Informationsgesellschaft

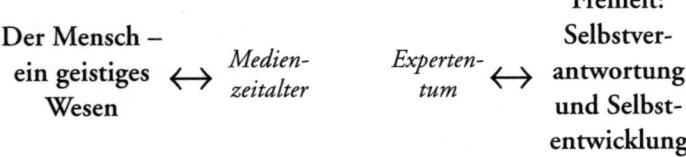

Der Mensch – ein geistiges Wesen ⟷ *Medienzeitalter* *Expertentum* ⟷ **Freiheit: Selbstverantwortung und Selbstentwicklung**

Systemdenken

Liebe: den Geist in der Materie erkennen

Die «Leonardo-Welt» legt ihren Bewohnern Fesseln an, die sie selbst geschaffen haben. Das ist neu gegenüber allen früheren Zeiten und schon in dieser Hinsicht ein Gegenbild zum Michael-Zeitalter! In diesem kommt es ja gerade darauf an, zur radikalen Selbstgestaltung des Lebens überzugehen. Dies wird erschwert durch vorgefundene Verhältnisse, die aber ebenfalls vom Menschen gemacht und zu verantworten sind. Es würde sich lohnen, hier einmal die Arbeitsweise des «Drachens» genau zu studieren.

Wie aber kommen wir heraus aus den Verstrickungen, aus Konstrukten und Modellen? Wie kommen wir hin zu einer individuellen Durchdringung und Gestaltung zukünftiger Verhältnisse? – Wer das versucht, sieht sich sofort an die Grenzen seiner gegebenen Fähigkeiten geworfen: Kann ich die Wirklichkeit erfassen? Bin ich offen für Neues? Bin ich entwicklungsfähig? Bin ich initiativ? – An der Erweiterung und allmählichen Aufhebung dieser Grenzen arbeitet das michaelische Denken, und die Nebenübungen sind so etwas wie Speerspitzen in diesem inneren Feldzug. Sie haben den Vorzug, daß ich, ohne auf andere warten zu müssen, sofort und gezielt mit der Arbeit beginnen kann.

Aber man kann noch auf eine andere Art von Erscheinungen aufmerksam werden. So gibt es im abgelaufenen Jahrhundert eine ganze Reihe von Tendenzen, hinter denen michaelische Impulse zu erkennen sind, auch wenn diese selbst nur schwer zum Tragen kommen. Dafür einige Beispiele. Seit den siebziger Jahren gibt es eine «Esoterik-Welle», die auch heute noch nicht ganz abgeklungen ist. Plötzlich interessierten sich viele Menschen für Esoterik, Spiritualität und Okkultismus, im Gegensatz zum Rationalismus und Materialismus der sechziger Jahre. Dieses Interesse ging vielfach einher mit einer Ablehnung des Denkens und einer Hinwendung zum Gefühl. Darf man darin so etwas sehen wie eine Hinneigung zur Spiritualisierung der Intelligenz? Eine *Hinneigung* mit Sicherheit; ob die geeigneten Mittel für dieses Bestreben immer gefunden wurden, steht jedoch auf einem anderen Blatt. Wird da nicht manchmal geistige Autonomie verwechselt mit Sympathei fürs Diffuse? – Ähnliches kann für die «Reinkarnationswelle» der letzten Jahrzehnte gesagt werden. Überraschend viele Menschen kommen zu der Überzeugung, daß es Reinkarnation gebe und daß diese Überzeugung ihr Leben erleichtere. Die Antworten, die darauf gegeben werden, klingen jedoch manchmal wie Ablenkungen davon, den Menschen als geistiges Wesen zu betrachten. Die Frage nach dem höheren Selbst als dem Träger der Reinkarnation bleibt häufig ausgespart. Aber die Neigung als solche war und ist deutlich. Auch die vielfach beobachtete Flucht aus den Institutionen und aus der Industriegesellschaft hin zu einer subjektverhafteten «Selbstverwirklichung» kann vor dem Hintergrund eines Willens zur Freiheit gesehen werden. Man könnte im einzelnen zeigen (es ist teilweise schon geschehen), daß diese Freiheit hier oftmals mit ungeeigneten Mitteln gesucht und daß die eine Unfreiheit mit einer anderen vertauscht wird. Aber die Neigung ist da.

Und schließlich findet sich in der zweiten Hälfte des zwanzigsten Jahrhunderts ein unbändiger Zug hin zur gegenseitigen Hilfe, zur Brüderlichkeit und zur Menschenliebe. Wiederum stellt sich die Frage, mit welchen Mitteln diese verwirklicht werden sollen. Im historischen Sozialismus beispielsweise stehen beide in krassem Gegensatz nebeneinander: der prinzipielle Aufbruch zur Brüderlichkeit und deren krasses Gegenteil in den realen Erscheinungendieser Gesellschaftsform.[68]

Spirituelle Intelligenz

Esoterikwelle

			Freiheit:
Der Mensch –		*Selbst-*	**Selbstver-**
ein geistiges	*Reinkarnations-*	*verwirklichungs-*	**antwortung**
Wesen	*welle*	*mentalität*	**und Selbst-**
			entwicklung

Welle der Hilfsbereitschaft

Liebe:
den Geist in der Materie erkennen

Sobald man die beschriebenen Neigungen mit den tatsächlichen Erscheinungsformen vergleicht, wird man überall etwas vom «Drachen» erkennen können. Der schnaubt da nicht mehr, sondern schnurrt vor sich hin und macht den Vorübergehenden schöne Augen. Er wird dadurch gewiß nicht weniger gefährlich. – Michaelisches Denken unterscheidet sich von alledem dadurch, daß es nicht auf einer Veränderung des Denk*verhaltens* und auch nicht auf einer Aneignung anderer *Ansichten* beruht, sondern auf einer scharfen Urteils- und Unterscheidungs*fähigkeit*, auf der Fähigkeit zur kritischen Selbsterkenntnis und auf einer durch Selbstverwandlung errungenen *Gestaltungskraft*, die aus der Unmittelbarkeit geistigen Erlebens hervorgeht. Seine Leistungen werden heute überall gefordert und jeder kann sie erbringen, wenn er das *will*.

Wir erobern uns dadurch, daß die ahrimanischen
Kräfte durch den Sieg des Michael in uns gefahren
sind, wiederum ein Stück der menschlichen Freiheit.
Alles hängt ja damit zusammen, in uns alle sind ja
diese Scharen des Ahriman gefahren. Wir erobern
uns ein Stück der menschlichen Freiheit, aber wir
müssen uns dessen bewußt sein. Wir müssen gewisser-
maßen den ahrimanischen Mächten nicht
die Oberhand über uns gestatten, müssen uns nicht
verlieben in die ahrimanischen Mächte.[69]

DAS GEHEIMNIS DER NEBENÜBUNGEN

In den vorausgehenden Betrachtungen zeigten sich die Nebenübungen eng verwoben mit der Verwandlung des Denkens im michaelischen Zeitalter und damit zugleich mit der Ausbildung des Herzdenkens. Kosmische Entwicklung in historischer Dimension (Michael-Zeitalter), eine Aufgabe menschlicher Selbstentwicklung (Herzdenken) und die dazu geeigneten Übungen sind nur verschiedene Seiten desselben Anliegens. Die Nebenübungen führen über die Begrenztheit der Persönlichkeit hinaus. Auf ihrem Weg lassen sich verschiedene Etappen unterscheiden:

1. Zunächst einmal kann man die Nebenübungen kennenlernen und ihre Leistungen studieren. Ein solches Studium läßt vollkommen frei. Es macht Zusammenhänge und Konsequenzen durchsichtig, zeigt ihre Bedeutung für gegenwärtige Zeitfragen ebenso wie für eine Verwandlung des Denkens, Fühlens und Wollens. Irgendwann im Laufe dieses Studiums wird sich dann die Frage stellen, wie man weiter mit den Nebenübungen umgehen will.

2. Man kann dann z.B. die Nebenübungen im sozialen Leben fruchtbar machen. Man gewinnt aus ihnen Grundhaltungen, vergleichbar den «Tugenden» früherer Zeiten, deren Vollzug das Leben erleichtert. Zugleich lernt der Einzelne seine Grenzen kennen und kann den Entschluß fassen, zu wirklicher innerer Übung überzugehen.

Eine solche Konsequenz der Nebenübungen wurde an anderer Stelle ausführlich vorgestellt.[70] Nicht umsonst wohl heißen die «Nebenübungen» bei Rudolf Steiner meistens

«Eigenschaften». Auf dieser Ebene können die *einzelnen* Eigenschaften bestimmten Aspekten der Selbstentwicklung zugeordnet werden.

3. Man kann die Übungen auch seinen esoterischen Bemühungen zugrunde legen zur Entwicklung des höheren Ich. Auf dieser Stufe sind die *einzelnen* Übungen nur das Mittel. Sie dienen nicht wie zuvor (Stufe 2) zum Erwerb einzelner Fähigkeiten. Die einzelnen Übungen sind gleichsam Tore, die in denselben Raum führen: in ein neues, konkretes Verhältnis zur eigenen Individualität. Die einzeln geübten Fähigkeiten konvergieren hier. Sie vereinigen sich gleichsam in der sechsten Übung zur Gemeinsamkeit ihrer Wirkungen.

4. Darüber hinaus erschließen die Nebenübungen eine Wirkung, über die sich in Rudolf Steiners Werk nur Andeutungen finden. Ein Beispiel: Im Jahr 1998 wurden zum ersten Mal Notizen aus einer esoterischen Stunde des Jahres 1914 publiziert.[71] Es handelt sich hier nicht um Nachschriften, sondern um Gedächtnisaufzeichnungen von Zuhörern. Doch darf als gesichert gelten, daß in dieser Stunde davon gesprochen wurde, wie durch die Arbeit mit den Nebenübungen die Wesensglieder des Menschen zum Erleben gebracht werden können:
– durch Gedankenkontrolle der physische Leib
– durch Kontrolle der Handlungen der Ätherleib
– durch Gelassenheit der Astralleib
– durch Positivität das Ich
– durch Unbefangenheit das Geistselbst.
Hier wird angedeutet, daß durch die Nebenübungen ein ganz eigenständiger Weg der Selbsterkenntnis beschritten werden kann, der zu Erfahrungen führt, für die es im Wortlaut der Übungen keinerlei Anhaltspunkte gibt. Was durch die Übungen erreicht werden kann, geht also weit hinaus über dasjenige, was sich als Nachvollzug formulierter Anregungen verstehen läßt. Das darf als ein Gipfelpunkt der oben beschriebenen «Freiheit» angesehen werden.

Die Nebenübungen können so auf verschiedenen Ebenen ihre Wirkung entfalten, nämlich als

1. Eigenschaften, über die man sich klar werden kann;
2. innere Haltungen (Tugenden), die schon als solche eine soziale Wirklichkeit entfalten können;
3. Übungen zur Ich-Entwicklung: Tore zur geistigen Individualität;
4. Erfahrungsgrundlagen für geistige Gesetzmäßigkeiten: Tore zur Welt.

Rudolf Steiner hat stets gefordert, daß sich die Anthroposophen, die sich zu allgemein-anthroposophischer Zusammenarbeit in der Anthroposophischen Gesellschaft zusammenfinden, konkrete Aufgaben setzen. Er hat mit dieser Forderung einige Hilflosigkeit hervorgerufen, blieb aber unerbittlich in seiner Weigerung, diese Aufgaben etwa selbst vorzugeben.[72] Nach der Neubegründung der Anthroposophischen Gesellschaft im Jahre 1923 hat er dann doch eine solche Aufgabenstellung formuliert. Sie ist allerdings so umfassend, daß ihre konkrete Ausgestaltung den Zuhörern überlassen blieb: «Darum handelt es sich jetzt, daß die Anthroposophische Gesellschaft diese ihre innere Aufgabe ergreift, diese Aufgabe, die darin besteht, Michael das menschliche Denken nicht streitig zu machen.»[73] – Wer könnte denn versuchen, Michael das Denken streitig zu machen? Mit welchen Mitteln kann so etwas versucht werden? Und schließlich: Was kann konkret dafür getan werden, die «innere Aufgabe» der Anthroposophischen Gesellschaft zu ergreifen?

AUFGABEN

Aus den vorangehenden Betrachtungen geht immer wieder hervor, daß es die Herausforderungen unseres Zeitalters sind, die diese «innere Aufgabe» der anthroposophischen Gesellschaft beschreiben. Wir stehen in inneren Umwälzungen, die von vielen Menschen bemerkt und teilweise auch in ihrer Bedeutung gewürdigt werden. Dabei handelt es sich um Umschwünge bedeutenden Ausmaßes, vergleichbar mit der Weltbildrevolution am Ende des Mittelalters. Damals begann sich durchzusetzen, daß sich nicht alles um die Erde, sondern daß diese selbst sich mit den anderen Planeten um die Sonne dreht. Damit wurde das kosmische Weltbild auf eine völlig neue Grundlage gestellt. Man spricht mit Recht von einem «Paradigmenwechsel» in dieser Hinsicht. – Um ähnliche Paradigmenwechsel geht es heute. Sie betreffen aber nicht in erster Linie das äußere Weltbild, sondern das Selbstverständnis des Menschen. Einige dieser Paradigmenwechsel wurden angedeutet. Sie seien zum Schluß noch einmal hervorgehoben:

– Die menschliche Individualität selbst ist geistiger Natur. Bisher wurde Wert darauf gelegt, daß sich das verkörperte Erdenwesen als Individualität fühlen kann. Darüber hinaus muß jetzt realisiert werden, daß der Mensch auch als geistiges Wesen individuell ist. Diese Revolution des Selbstverständnisses hat weitreichende Folgen für das gesamte soziale Leben, für den Umgang miteinander und für die Zusammenarbeit. Seit kurzem zeigt z.B. die alte, hierarchische Führung ihre Schwächen. Es fehlen nicht nur die großen «Führer», sondern es sind auch diejenigen immer schwerer zu finden, die sich im bisherigen Sinne «führen» lassen. Was aber tritt an die Stelle dieser alten Führungsform? – Das ist noch nicht ausgemacht. Auf jeden Fall scheint alles das nicht so recht zu gelingen, was an dem alten Selbstverständnis des Menschen festhalten will. Auf erste Schritte kann jedoch verwiesen werden.[74]

– Der alte Gegensatz von Offenbarung und Selbstdenken schwindet. Das eigenständige Denken wird sensibel dafür, woher ihm seine «Einfälle» kommen. Alle offenbarende Verkündigung bleibt gegenstandslos, wenn sie nicht das autonome Verstehen der einzelnen Menschen erreicht. In gleichem Maße verschwindet die Isolierung von der Welt, in die sich das eigenständige Denken im Laufe der Jahrhunderte mehr und mehr gebracht hatte. Damit mehren sich die Bereiche des Lebens, in denen jeder einzelne Verantwortung trägt. Es geht dabei um Eigenverantwortung für mich selbst, aber auch für die soziale Welt und die Natur. Viele Menschen empfinden das heute und versuchen, es zu realisieren. Werden dafür die geeigneten Mittel gefunden? Wie muß sich das Denken verwandeln, damit der scheinbar so unerbittlich vorgegebene Egoismus der gesamten Lebensverhältnisse verschwinden kann? – Zugleich verschwindet auch der alte Gegensatz zwischen «Denken» und «Schauen». Geistesgeschichtlich stammen beide ohnehin aus derselben Quelle. Das ist in der vorsokratischen Philosophie der Griechen noch erkennbar. Beide Erkenntnisarten haben sich im Laufe von Jahrhunderten strikt voneinander getrennt, zugunsten der Eigenständigkeit des Menschen. Damit aber ist dasjenige, was man fortan «Denken» nannte, in eine Distanz zur Wirklichkeit geraten, die sich heute im technischen und sozialen Leben katastrophal auswirkt. Hier zu einer Verwandlung zu kommen, ist

Kernanliegen dessen, was in den vorliegenden Betrachtungen mit «Spiritualisierung des Denkens» bezeichnet wurde.

- Ein dritter Paradigmenwechsel betrifft das Verhältnis des Geistigen zum Materiellen. Unter dem Stichwort «Ganzheitlichkeit» ist man seit einiger Zeit auf dem Weg, den alten Gegensatz zwischen Materie und Geist aufzuheben und das Geistige im Materiellen ebenso zu finden wie die Materie als eine Seinsweise des Geistes zu begreifen. Der gute Wille ist bei vielen Menschen vorhanden. Offenbar aber liegt das Problem darin, dieses Ziel wirklich konkretisieren zu können. Hier gibt es Ansätze in der Anthroposophie, die es auszuarbeiten gilt. So ist z.B. in der Wissenschaft vom Lebendigen ebenso wie im sozialen Leben heute eine Fähigkeit gefragt, die noch nicht weit verbreitet ist: die Fähigkeit, Prozesse zu denken. Nur wer Prozesse und damit Entwicklungen denken kann, kann Zukunft gestalten. Wer das traditionelle Denken dazu benutzt, seine Standpunkte abzusichern, ist immer «von gestern». Es gilt, den imaginativen Aspekt des neuen Denkens immer besser handhaben zulernen.

Je genauer der Blick in das «michaelische Zeitalter» – einschließlich der Umtriebe des «Drachens» – gelingt, um so deutlicher wird, daß darin Kernkompetenzen der Anthroposophie herausgefordert sind.

ANMERKUNGEN

Der Titel des Buches, «Die Herzen beginnen, Gedanken zu haben», ist ein Satz aus RUDOLF STEINER, *Anthroposophische Leitsätze*, «Im Anbruch des Michael-Zeitalters», GA 26, 1989, S. 62.

1 ARISTOTELES, *Nikomachische Ethik*, Buch X,7, in der Übersetzung von F. Dirlmeier, Berlin 1956, S. 232.

2 BLAISE PASCAL, *Logik des Herzens. Gedanken.* Alle Zitate aus der zweisprachigen Ausgabe in der Übersetzung von Fritz Paepke, München 1973.

3 Zum Beispiel HOMER, *Ilias*, Buch I, Verse 188 ff., Athena inspiriert Achilleus.

4 Zu den Leistungen des Prometheus und den von ihm gebrachten Umschwüngen: KARL-MARTIN DIETZ, *Prometheus – Vom göttlichen zum menschlichen Wissen, Metamorphosen des Geistes*, Bd. 1, Stuttgart 1989, S. 11-76.

5 RUDOLF STEINER im *Nachrichtenblatt* Nr. 42 vom 26.10.1924, in GA 26 (1972), S. 90.

6 RUDOLF STEINER, 23.11.1919, GA 194 (1962), S. 42.

7 RUDOLF STEINER, 29.11.1919, GA 194 (1962), S. 84. Vergleiche auch 22.11.1919, GA 194 (1962), S. 36.

8 FRANK TEICHMANN, *Auferstehung im Denken. Der Christusimpuls in der ‹Philosophie der Freiheit› und in der Bewußtseinsgeschichte*, Stuttgart 1996.

9 RUDOLF STEINER, 23.11.1919, GA 194 (1962), S. 47 f.

10 HESIOD, *Theogonie*, Vers 535.

11 Beide Zitate aus: THOMAS VON AQUINO, *Compendium der Theologie*, übersetzt von Louis Fäh, Heidelberg 1963, Kapitel 201.

12 ALANUS AB INSULIS, Weihnachtspredigt, in: *Predigten zum Jahreslauf*, übersetzt von Bruno Sandkühler, Stuttgart 1998, S. 39.

13 RUDOLF STEINER, 23.11.1919, GA 194 (1962), S. 48.

14 RUDOLF STEINER, 19.7.1924, GA 240 (1966), S. 55.

15 RUDOLF STEINER, *Die Philosophie der Freiheit*, GA 4 (1972), S. 60 f. –

Näheres dazu bei KARL-MARTIN DIETZ, Zum 5. Kapitel der «Philosophie der Freiheit», in: *Erkennen und Wirklichkeit. Zum Studium der Philosophie der Freiheit*, herausgegeben von Thomas Kracht, Band 2, Stuttgart 1999.

16 RUDOLF STEINER, *Die Philosophie der Freiheit*, S. 109.

17 RUDOLF STEINER, *Die Philosophie der Freiheit*, S. 110.

18 RUDOLF STEINER, *Die Philosophie der Freiheit*, S. 164.

19 Zum Individualitätsverständnis in der *Philosophie der Freiheit* siehe ausführlich KARL-MARTIN DIETZ, Der freie Geist – Individualität und Gemeinschaft in Rudolf Steiners «Philosophie der Freiheit», in: Vom Rätsel des Ich, Beiheft Nr. 7 zu *Die Drei*, November 1994, S. 39 ff.; sowie: Die moralische Intuition – Utopie oder Herausforderung, in: *Rudolf Steiners Philosophie der Freiheit, Eine Menschenkunde des höheren Selbst*, Stuttgart 1994, S. 69 ff.

20 RUDOLF STEINER, 20.11.1914, GA 158, 1968, S. 112.

21 RUDOLF STEINER, *Die Philosophie der Freiheit*, GA 4, S. 170.

22 RUDOLF STEINER, 13.11.1917, GA 178 (1974), S. 111.

23 RUDOLF STEINER, 23.11.1919, GA 194 (1962), S. 53.

24 Exemplarisch beschrieben von RUDOLF STEINER am 9.10.1918, GA 182.

25 RUDOLF STEINER, 17.12.1922, GA 219 (1976), S. 101.

26 RUDOLF STEINER, 19.7.1924, GA 240 (1966), S. 41.

27 RUDOLF STEINER im *Nachrichtenblatt* vom 19.10.1924, GA 26, S. 86 f.

28 Siehe die Beiträge von JOCHEN BOCKEMÜHL, MANFRED KLETT, ULI JOHANNES KÖNIG, ERNST-MICHAEL KRANICH, GEORG MAIER, ANDREAS SUCHANTKE in: *Grenzen erweitern – Wirklichkeit erfahren. Perspektiven anthroposophischer Forschung*, herausgegeben von KARL-MARTIN DIETZ und BARBARA MESSMER, Stuttgart 1999. Sowie MARTIN ROZUMEK, Die dreifache Aufgabe des Menschen an der Welt. Auf der Suche nach neuen Wegen aus der Umweltkrise; in: *Die Drei* 10/1997, S. 948-959.

29 RUDOLF STEINER, 22.11.1919, GA 194 (1962), S. 38 f.

30 RUDOLF STEINER, 23.11.1919, GA 194 (1962), S. 54 f.

31 RUDOLF STEINER, 30.11.1919, GA 194 (1962), S. 103.

32 J. W. GOETHE, Atmosphäre, in: *Goethes Werke*, herausgegeben von ERICH TRUNZ, Band I, München 1981, S. 349.

33 RUDOLF STEINER, 23.5.1923, GA 224 (1966), S. 214.

34 RUDOLF STEINER, *Nachrichtenblatt* Nr. 46 vom 23.11.1924, in: GA 26, (1989), S. 118.

35 RUDOLF STEINER, 17.2.1918, GA 174a (1971), S. 226.

36 RUDOLF STEINER, 17.6.1924, GA 217a (1981), S. 175.

37 RUDOLF STEINER, *Nachrichtenblatt* Nr. 34 vom 31.8.1924, in: GA 26, (1989), S. 66.

38 RUDOLF STEINER, *Nachrichtenblatt* Nr. 34 vom 31.8.1924, in: GA 26, (1989), S. 68.

39 RUDOLF STEINER, *Nachrichtenblatt* Nr. 43 vom 2.11.1924, in: GA 26, (1989), S. 96-98.

40 RUDOLF STEINER, 19.7.1924, GA 240 (1966), S. 59.

41 PLATON, *Phaidros*, 249b-d; ausführlicher besprochen bei KARL-MARTIN DIETZ, *Metamorphosen des Geistes*, Band 2. *Das Erwachen des europäischen Denkens*, Stuttgart 1989, S. 157 ff.

41a Zitiert nach WOLF-ULRICH KLÜNKER, Alanus ab Insulis, Stuttgart 1993, S. 17.

42 RUDOLF STEINER, 28., 29., 30., 31.3.1910, GA 119 (1988), S. 208-286. Die folgenden Zitate sind hieraus.

43 RUDOLF STEINER, 12.1.1918, GA 180 (1966), S. 237.

44 RUDOLF STEINER, 29.1.1918, GA 181 (1991), S. 45.

45 RUDOLF STEINER, 12.1.1918, GA 180 (1966), S. 236; 29.1.1918, GA 181 (1991), S. 34 f.

46 RUDOLF STEINER, 3.10.1922, GA 217 (1964), S. 14 f.; 10.10.1922, GA 217 (1964), S. 120.

47 RUDOLF STEINER, 15.10.1922, GA 217 (1964), S. 191.

48 PLATON, *Der Staat*, 509c II.

49 PLATON, 7. Brief, in: PLATON, Briefe, hrsg. von W. Neumann, München, 1967, S. 89 ff.

50 Vgl. die Beiträge von KARL-MARTIN DIETZ und GÜNTER RÖSCHERT in: *Rudolf Steiners Philosophie der Freiheit. Eine Menschenkunde des höheren Selbst*, hrsg. von KARL-MARTIN DIETZ, Stuttgart 1994, S. 65-159.

51 RUDOLF STEINER, *Wie erlangt man Erkenntnisse der höheren Welten?*, GA 10, 1975, S. 145 f.

52 RUDOLF STEINER, *Wie erlangt man Erkenntnisse der höheren Welten?*, GA 10, 1975, S. 147.

53 Ebenda.

54 Dargestellt von RUDOLF STEINER in *Theosophie*, Mai 1904, GA 9. In: *Wie erlangt man Erkenntnisse der höheren Welten?*, 1909, GA 10, zuerst veröffentlicht in: *Lucifer-Gnosis*, Nr. 20, Januar 1905. In: *Die Stufen der höheren Erkenntnis*, GA 12, zuerst veröffentlicht in: *Lucifer-Gnosis*,

Nr. 30, (ohne Datierung, wahrscheinlich Dezember 1905). Als esoterische Anweisung ausgesandt an die Mitglieder der esoterischen Schule am 17. Oktober 1906, GA 245; jetzt in GA 266, Dornach 1984, S. 149. In: *Die Geheimwissenschaft im Umriß,* Ende 1909 (erschienen 1910), GA 13. Außerdem eine Aufzählung ohne weitere Erklärung im Brief an Anna. R. Minsloff vom 23.3.1908, GA 264, Dornach 1984, S. 119.

55 RUDOLF STEINER, *Innere Entwicklung,* Berlin 7.12.1905, in: *Die Welträtsel und die Anthroposophie,* GA 54, Dornach 1983, S. 200 ff.; sowie Vortrag mit gleichem Titel am 19.4.1906, GA 54, S. 463 ff.

56 RUDOLF STEINER, Vortrag am 9.7.1906, GA 94, Dornach 1979, S. 173; 7.11.1907, GA 98, Dornach 1996, S. 27 ff. Diese Vorträge vor Mitgliedern der Theosophischen Gesellschaft sind nur in Notizen von Zuhörern überliefert.

57 RUDOLF STEINER, Esoterische Stunden am 15.2.1904 und 14.3.1904 in: *Aus den Inhalten der esoterischen Stunden,* GA 266-1, Dornach 1995, S. 29 ff. und 49 f.; ferner 15.3.1911 und 10.12.1912, in: GA 266-2, Dornach 1996, S. 159 ff. und 344; sowie 2.1.1914 und 7.2.1914, in: GA 266-3, Dornach 1998, S. 241 ff. und 257 ff. Alles Notizen von Teilnehmern, keine Nachschriften.

58 KARL-MARTIN DIETZ, Sachlichkeit. Aspekte und Konsequenzen der sogenannten Nebenübungen am Beispiel der Gedankenkontrolle, in: *Konturen Band 7, Wege des Denkens,* Stuttgart 1996; und Positivität. Zur Kultur des Gefühlslebens. *Konturen Band 8, Gefühlserkenntnis,* Stuttgart 1997. – Weitere Publikationen zu den Nebenübungen aus der letzten Zeit: HERMANN BERGER, Zur Vorgeschichte der «Sechs Nebenübungen», in: *Mitteilungen aus der anthroposophischen Arbeit in Deutschland,* IV/ 1996, Nr. 198, S. 310-318; ERHARD FUCKE, «Mit den Augen des Gemüts, Schritte zur Schulung des Herzdenkens, in: *Mitteilungen aus der anthroposophischen Arbeit in Deutschland,* I/1997, Nr. 199, S. 1-9; FLORIN LOWNDES, *Zur Belebung des Herzchakra. Ein Leitfaden zu den Nebenübungen Rudolf Steiners,* Stuttgart ²1997; GÜNTER RÖSCHERT, Lebensweg und Geistesschulung. Von der initiatorischen Lebensführung, in: *Das Goetheanum,* Nr. 10, 1. Juni 1997, S. 121-125; RUDOLF STEINER, *Seelenübungen mit Wort- und Sinnbildmeditationen zur methodischen Entwicklung höherer Erkenntniskräfte. 1904 – 1924,* GA 267, Dornach 1997.

59 RUDOLF STEINER, *Die Geheimwissenschaft im Umriß,* GA 13 (1977), S. 330.

60 Ebenda, S. 332.

61 NEIL POSTMAN, *Wir amüsieren uns zu Tode. Urteilsbildung im Zeitalter der Unterhaltungsindustrie*, Frankfurt 1985.

62 RUDOLF STEINER, *Die Geheimwissenschaft im Umriß*, 1910, GA 13 (1977), S. 334 f.

63 Ebenda.

64 Ausführlich bei KARL-MARTIN DIETZ, *Dialog. Die Kunst der Zusammenarbeit*, Menon-Verlag, Heidelberg 1998.

65 RUDOLF STEINER, *Die Geheimwissenschaft im Umriß*, 1910, GA 13 (1977), S. 335.

65a Zitiert nach FRANK TEICHMANN, *Chartres. Schule und Kathedrale.* Stuttgart ²1997, S. 19.

66 RUDOLF STEINER, 29.3.1910, GA 119 (1988), S. 216 ff. Ebenso die folgenden Zitate.

67 JÜRGEN MITTELSTRASS, Leonardo-Welt – Aspekte einer Epochenschwelle. In: GERT KAISER u.a. (Hrsg.), *Kultur und Technik im 21. Jahrhundert*, Frankfurt/New York 1993.

68 Ausführlich bei KARL-MARTIN DIETZ, *Die Suche nach Wirklichkeit. Bewußtseinsfragen am Ende des 20. Jahrhunderts*, Stuttgart 1988.

69 RUDOLF STEINER, 14.10.1917, GA 177 (1985), S. 153.

70 KARL-MARTIN DIETZ, *Dialog. Die Kunst der Zusammenarbeit*, Menon-Verlag, Heidelberg 1998.

71 Esoterische Stunde vom 2.1.1914 in GA 266/3 (1998), S. 241-251.

72 Näheres dazu siehe KARL-MARTIN DIETZ, *Anthroposophie tun. Beobachtungen zu Rudolf Steiners Führungsstil*, Heidelberg 1996, Menon-Verlag.

73 RUDOLF STEINER, 19.7.1924, GA 240 (1966), S. 55.

74 Siehe z.B. KARL-MARTIN DIETZ, Selbstentwicklung – Die neue Herausforderung im Wirtschaftsleben, Sonderdruck aus: *Wirtschaft und Kultur im Gespräch*, herausgegeben für das Forum für Sozialästhetik von Roland Benedikter, Meran 1997, S. 95-110.

KARL-MARTIN DIETZ

Gemeinschaft durch Freiheit

Perspektiven für die Zukunft des Geisteslebens
149 Seiten, kartoniert

Stärker als je zuvor erhebt sich in allen Bereichen der Gesellschaft die Forderung nach einem innovationsträchtigen Geistesleben. Gleichzeitig geraten immer mehr Einrichtungen eines «freien Geistesleben» in innere Krisen.

Geistesleben ist in erster Linie auf individuelle Fähigkeiten gebaut, und seine Zukunft hängt davon ab, ob diese verstärkt und weiterentwickelt werden können. Dazu bestehen gute Chancen. Ideenreichtum, Initiative und Bewußtheit sind seine Bedingungen, die heute allerdings vielfach durch ihr Gegenteil, durch Opportunismus, Fundamentalismus, Relativismus oder Eskapismus unterlaufen werden. Freies Geistesleben ist ohne freien Geist nicht möglich.

Verlag Freies Geistesleben

KARL-MARTIN DIETZ

Individualität im Zeitenschicksal

Gefährdung und Chancen
131 Seiten, kartoniert

Es ist üblich geworden, unserem Zeitalter entweder ängstlich-melancholisch oder mit blindem Glauben gegenüberzustehen. Beide Haltungen bieten keine ausreichende Grundlage für eine bewußte und individuelle Lebensführung.

Zeiterscheinungen, die den einzelnen Menschen herausfordern, werden ausführlich beschrieben, in einen umfassenden Zusammenhang hineingestellt und als Momente gegenwärtiger Bewußtseinsentwicklung verstanden. Es werden Stufen des Ich-Bewußtseins aufgezeigt, deren Realisierung heute eine hohe praktische Bedeutung zukommt. Das ausführliche Schlußkapitel zeigt Wege zum höheren Selbst, durch welche das Zeitenschicksal individuell gestaltet werden kann, sowie Verwandlungsstufen des Denkens hin zu einem «christlichen Denken».

Verlag Freies Geistesleben

KARL-MARTIN DIETZ (Hrsg.)

Rudolf Steiners «Philosophie der Freiheit»

Eine Menschenkunde des höheren Selbst
296 Seiten, kartoniert

Aus dem Inhalt:
Christoph Lindenberg: Wissen, worum es geht – oder: Die «Philosophie der Freiheit» als philosophische Anthropologie gelesen / *Martin Basfeld:* Denken in der Zeit. Die «Philosophie der Freiheit» Rudolf Steiners und das naturwissenschaftliche Zeitverständnis / *Karl-Martin Dietz:* Die moralische Intuition – Utopie oder Herausforderung? / *Günter Röschert:* Situationsethik und moralische Phantasie / *Thomas Kracht:* Philosophieren der Freiheit. Hinweis auf eine Leseerfahrung / *Frank Teichmann:* Die «Philosophie der Freiheit» als Übungs- und Schulungsbuch / *Dietrich Rapp:* Von der Intuition zur Erfahrung. Denkbeobachtungen über ihren inneren Zusammenhang / *Wolf-Ulrich Klünker:* Voraussetzungen einer neuen Theologie.
Die Autoren greifen die fundamentalen Ideen Steiners auf, versuchen sie aus der Verständigung des Bewußtseins mit sich selbst, der Selbsterkenntnis des Menschen, zu begründen und für das Verständnis der Gegenwart weiterzuentwickeln. Dabei zeigt sich, daß mit der «Philosophie der Freiheit» kein abgeschlossenes philosophisches System gegeben ist, sondern ein Weg der inneren Erfahrung und Schulung, auf dem das geistige Wesen des Menschen zur Geburt kommt. Insofern entfaltet sie – als Grundlage der Anthroposophie – eine praktische spirituelle Anthropologie, die auf die geistigen und seelischen wie auf die biographischen und sozialen Herausforderungen unseres Jahrhunderts eine konkrete Antwort geben kann.

Verlag Freies Geistesleben

THOMAS KRACHT (Hrsg.)

Erfahrung des Denkens

*Zum Studium der «Philosophie der Freiheit» Rudolf Steiners
Band 1: Kapitel 1 - 3
Beiträge von Karl-Martin Dietz, Ruprecht Fried,
Wolfgang Kilthau, Thomas Kracht, Dietrich Rapp,
Martin Rozumek, Frank Teichmann, Rudy Vandercruysse,
Heinz Zimmermann.
Edition Hardenberg, Studien zum Werk Rudolf Steiners Band 1
344 Seiten, kartoniert*

Für eine erste genauere Beschäftigung mit dem philosophischen Grundlagenwerk Rudolf Steiners bieten die Autoren dem Leser Verständnishilfen und weiterführende Gesichtspunkte, die zu einem vertiefenden Studium anregen wollen. Dabei wurde bewußt eine Vielfalt der Zugangsweisen zum Text angestrebt: Betrachtungen zum Verlauf des Gedankengangs, zu grundlegenden Motiven des Textes, zur Sprache der «Philosophie der Freiheit», zur Komposition ihrer Textgestalt und zu geistesgeschichtlichen Zusammenhängen.

Die Autoren liefern keine abgeschlossenen, festlegenden Interpretationen, sondern geben Anregungen zur eigenen Beschäftigung mit der «Philosophie der Freiheit». Diese erschließt sich letzlich nur im tätigen Mitvollziehen und Nachgestalten der Gedankenbewegungen und in einer Beobachtung des eigenen Denkens.

Der vorliegende Band beschäftigt sich – neben übergeordneten Aspekten – vor allem mit den ersten drei Kapiteln der «Philosophie der Freiheit».

Verlag Freies Geistesleben

Beiträge zur Bewußtseinsgeschichte

herausgegeben für das Friedrich-von-Hardenberg-
Institut von Karl-Martin Dietz

Karl-Martin Dietz
Metamorphosen des Geistes

Band 1:
Prometheus – Vom göttlichen zum menschlichen Wissen
260 Seiten, Leinen

Band 2:
Das Erwachen des europäischen Denkens
248 Seiten, Leinen

Band 3:
Vom Logos zur Logik
196 Seiten, Leinen

Frank Teichmann
Die Kultur der Empfindungsseele

Ägypten – Texte und Bilder
220 Seiten mit zahlreichen Abbildungen, gebunden

Frank Teichmann
Die Kultur der Verstandesseele

Griechenland – Texte und Bilder
188 Seiten mit zahlreichen Abbildungen, gebunden

Verlag Freies Geistesleben

Beiträge zur Bewußtseinsgeschichte

herausgegeben für das Friedrich-von-Hardenberg-
Institut von Karl-Martin Dietz

Wolf-Ulrich Klünker
Johannes Scotus Eriugena
Denken im Gespräch mit dem Engel. Mit einer Übersetzung der Homelia
zum Prolog des Johannes-Evangeliums
357 Seiten mit 13 Abbildungen, Leinen

«Ein begrüßenswertes Buch, das das Denken des
Johannes Scotus Eriugena zugänglicher macht.»
Mediaevistik

Wolf-Ulrich Klünker / Bruno Sandkühler
Menschliche Seele und kosmischer Geist
Siger von Brabant in der Auseinandersetzung
mit Thomas von Aquin.
144 Seiten, Leinen

Wolf-Ulrich Klünker
Alanus ab Insulis
Entwicklung des Geistes als Michael-Prinzip.
Mit einer Übersetzung der Michael-Predigt des Alanus
112 Seiten, kartoniert

Verlag Freies Geistesleben

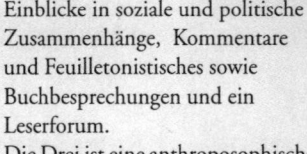